第**2**版

ゼロからわかる
事業再生
70問70答

法務・会計・税務のエッセンス

公認会計士・税理士	**植木 康彦**	編著
弁護士	**髙井 章光**	
税理士	**榑林 一典**	共著
公認会計士・税理士	**大森 斉貴**	

税務研究会出版局

はしがき（第 2 版）

　本書は 2021 年に初版が発刊され、おかげさまにて多くの方に手を取っていただきました。改めて御礼申し上げます。

　しかしながら、2020 年に発生したコロナ渦が終息しつつある現在、アフターコロナ渦において、中小企業の倒産件数は急増する傾向となっております。初版発刊からわずか 3 年間にて、中小企業を取り巻く事業環境は大きく変わっています。また、その事業環境の変化に対応するための新しい制度も生まれています。そこで、2021 年以降の状況の変化を踏まえ、従前の内容を修正し、さらに新しい制度を中心に新しく設問を 10 問追加致しました。

　新しい制度として、第 2 版にて追加した制度は以下のとおりです。

（中小企業版私的整理ガイドライン）

　コロナ渦によって事業毀損が生じ、倒産の危機に瀕する中小企業が多くなると考えられることから、一般社団法人全国銀行協会にて、中小企業の事業再生および廃業における新しいガイドラインを制定し、運用を開始しています。このガイドラインの制定をきっかけとして、中小企業活性化協議会（旧中小企業再生支援協議会）も運用規則をガイドラインと同内容とし、対応メニューも整備しています。

（中小 M&A ガイドラインの改訂）

　中小企業にとって大きな課題となっている後継者問題（事業承継問題）解決のため、中小企業庁は、中小企業の M ＆ A に関し、「中小 M ＆ A ガイドライン」を制定していますが、中小企業の M ＆ A が盛んに実施される状況において、様々な問題が生じており、2023 年と 2024 年にそれぞれガイドラインを改訂しています。さらに、このガイドラインを遵守させる目的にて、

M&A 専門業者の登録制度を開始しています。

　また、私的整理手続の税務は、手続きが多様化した分だけ、複雑化しております。

　中小企業活性化協議会（中小企業再生支援スキーム）、及び事業再生 ADR では、資産評価損の損金算入、期限切れ欠損金の優先充当が認められていますが、中小企業版私的整理ガイドライン、通常の協議会スキーム、特定調停の日弁連（日本弁護士連合会）スキームでは認められていません。私的整理手続共通で認められているのは、期限切れ欠損金の損金算入、債権者の債権放棄損の損金算入、保証人による保証履行のための資産譲渡における譲渡所得の非課税扱いとなります。

　私的整理手続の利用に当たっては「中小企業版私的整理ガイドライン」を参照した運用がなされると思われるので、改訂版では中小企業版私的整理ガイドライン（再生版、廃業版）の税務について設問を設けました。

　第 2 版では、初版のとき以上に、事業再生を実践するニーズが高まっておりますので、是非、新しい制度を含め、様々な選択肢から有効な手法を選択する際に、本書を参考にされ、中小企業の事業再生に役立てて頂ければ幸いです。

　また、本書の執筆にあたり諸々の件においてご協力いただいた、金融財政事情研究会出版部長花岡様に対し、厚く御礼申し上げます。

　最後に、発刊に際して、多くのアドバイスをいただいた税務研究会の加島様、桑原様、松本様の皆様に深く感謝致します。

　令和 6 年 10 月

　　　　編集代表　髙井総合法律事務所　弁護士　　　　髙井　章光

　　　　　　　　Ginza 会計事務所　　公認会計士・税理士　植木　康彦

はしがき（初版）

　"事業再生"は、会社（事業）の弱点又は悪い点を識別し、改善又は除去するプロセスと言うことができます。その弱点又は悪い点には程度の差があり、弱点又は悪い点が小さいときは内科的な処方で対応できますが、大きいときは外科的な処方が必要となります。

　本書は、主に後者、すなわち"外科的処方"について解説していますが、外科的な処方も、裁判所が関与するかしないかで区別すると、裁判所が関与する法的整理手続、関与しない私的整理手続となります。

　法的整理手続の代表格は民事再生法ですが、2000年4月に施行された比較的新しい法律で、債権者と債務者の権利関係を適切に調整し、債権者に対して公正公平な分配を、債務者に対してはセカンドチャンスを付与する合理的な仕組みになっています。しかし、時代とともに手続は変化するもので、今日では、金融債権者のみを対象とし、一般債権者には犠牲を求めないことが可能となる私的整理手続が人気を集めています。また、債務者による自力再生が困難な場合、外部のスポンサーに経営を委ねるM＆Aも積極的に行われています。

　2020年に発生したコロナ渦は、経済社会に大きな傷跡を残しました。今のところ企業倒産件数は大きく増加していませんが、コロナ対策のための実質無利子・無担保融資や納税猶予によって下支えされているとも考えられ、この延命措置が終わると企業倒産が多発するとも言われています。

　かかる状況下においても、事業再生に携わる専門家はまだまだ少なく、このままでは多くの中小企業が事業再生できずに廃業してしまうことが想定されます。そうならないためには、中小企業経営者の良き相談役である会計事務所や法律事務所が、もっとこの分野に関与することが期待されます。

　その願いを込めて、この分野の第一線で活躍するメンバーが集まり、知見

を惜しみなく投入して執筆したのが本書で、以下のような特徴を有しております。

（本書の特徴その1-法務）

　事業再生手続は、その経験・知見豊富な弁護士（事業再生を専門とする弁護士）が債務者代理人として手続実施を担当することになりますが、そのような弁護士とタッグを組んで事業再生に取り組む税理士・公認会計士等の弁護士以外の専門家において、各手続がどのような流れで進み、また、それぞれの違いがどこにあるのか等を理解しておくことは極めて重要です。そのような視点から、法務においては、①各事業再生手続の概要を説明し、②各手続に共通する事業再生の仕組みの概要を説明することに注力しました。

　また、近年は、法的手続のみならず、私的整理も多く実施されておりますので、これらの手続を広く概説しております。さらには、事業再生と廃業は紙一重の関係にあるため、廃業についても一定の知見を有しておくことは実務において重要ですので、廃業時の事業用資産の譲渡等についても概説しています。

（本書の特徴その2-会計）

　再生手続の開始によって変わる点、変わらない点（会計処理や決算期）を拾い出すとともに、負債の部の科目表示、過年度処理の修正、実態貸借対照表の作成方法、資金繰りの管理方法等、事業再生時に論点となる会計項目について取り上げてみました。

（本書の特徴その3-税務）

　事業再生時、特有の税務問題である、事業年度の変更、期限切れ欠損金の利用、実在性のない資産の扱い、欠損金の繰戻し還付の適用、租税債権の扱い、外形標準課税の一部不適用などを詳説しました。

さらに、法人税等の発生は、事業再生手続にとって大きな阻害要因となりますが、自力再生とスポンサー再生では相違する税務問題が生ずるため、それぞれについて章を分けて解説しています。

（本書の特徴その 4– 共通）

事業再生時に想定される法務、会計、税務などに関して、それぞれの分野の実務家が実務上の経験を踏まえて、実務で役立つフローチャート、チェックリスト、図解を多々取り入れました。また、困った案件に遭遇した際、Q＆Aにより容易に検索できるようにしました。

本書が、会計事務所・法律事務所・事業再生アドバイザリー等に所属する皆様方の業務に少しでも役立つことを祈念しております。

最後に、発刊に際して、叱咤激励と多くのアドバイスをいただいた税務研究会の加島氏、桑原氏、松本氏のチームに厚く御礼申し上げます。

令和 3 年 4 月

編著者代表　Ginza 会計事務所　　公認会計士・税理士　**植木　康彦**

髙井総合法律事務所　弁護士　　　　　　　**髙井　章光**

目　　次

第 1 章　概論

Q1　経営状態の把握と事業再生 ……………………………………………… 2

Q2　事業の磨き上げ ……………………………………………………………… 5

Q3　チェックリストによる磨き上げ ………………………………………… 9

Q4　事業再生手続に舵を切るタイミング ………………………………… 16

Q5　再生か廃業（破産、清算）かの選択 ………………………………… 20

Q6　自力再建か M&A かの選択 …………………………………………… 23

Q7　法的整理か私的整理かの選択 ………………………………………… 27

第 2 章　事業再生の法務

Q8　私的整理手続の種類・特徴 ……………………………………………… 32

Q9　中小企業活性化協議会の手続 ………………………………………… 38

Q10　中小企業版私的整理ガイドラインの手続（再生手続） …………… 43

Q11　中小企業版私的整理ガイドラインの手続（廃業移行手続） ……… 50

Q12　地域経済活性化支援機構の手続 ……………………………………… 55

Q13　事業再生 ADR の手続 …………………………………………………… 59

Q14　特定調停の手続 …………………………………………………………… 63

Q15　法的整理手続の種類・特徴 …………………………………………… 67

Q16　民事再生の手続 …………………………………………………………… 73

Q17　会社更生の手続 …………………………………………………………… 78

Q18　第二会社方式による特別清算の手続 ………………………………… 84

Q19　破産手続申立前・破産手続申立後における事業譲渡の手続 ……… 90

目　次　vii

Q20　自力再建型再生スキームの手続（私的整理の場合）……………… 94

Q21　自力再建型再生スキームの手続（法的整理の場合）……………… 99

Q22　スポンサー支援型スキームの手続（私的整理の場合）………… 103

Q23　スポンサー支援型スキームの手続（法的整理の場合）………… 106

Q24　スポンサー選定手続……………………………………………… 110

Q25　中小企業の事業承継における中小 M&A ガイドラインの活用……… 115

Q26　事業再生における組織再編手続………………………………… 121

Q27　事業譲渡の手続・会社分割の手続……………………………… 127

Q28　DIP ファイナンスの利用………………………………………… 132

Q29　事業再生に対する金融機関の判断～経済合理性～…………… 136

Q30　取引債権者の取扱い……………………………………………… 141

Q31　担保権者、リース債権者の取扱い……………………………… 145

Q32　従業員の取扱い…………………………………………………… 150

Q33　経営者と株主の取扱いとその責任……………………………… 156

Q34　DES・DDS とは何か……………………………………………… 160

Q35　保証人の保証債務への対応……………………………………… 164

Q36　経営者保証ガイドラインの活用………………………………… 169

Q37　「廃業時における『経営者保証に関するガイドライン』の
　　　基本的考え方」の活用………………………………………… 176

Column　時代的背景による事業再生手続の変容…………………… 181

第 3 章　事業再生の会計

Q38　事業再生手続による会計処理や決算期の相違………………… 184

Q39　事業再生手続と負債の部の表示………………………………… 188

Q40　過年度の会計処理の修正………………………………………… 191

Q41　実態貸借対照表の作成…………………………………………… 195

viii　　目　　次

Q42　窮境原因分析と対応 ……………………………………… 199

Q43　民事再生手続と財産評定 ………………………………… 203

Q44　資金繰りの管理は重要 …………………………………… 208

Q45　経済合理性の試算（破産配当との比較） ……………… 211

Q46　事業再生時の事業価値評価について …………………… 214

Column　事業再生の前提 …………………………………… 219

第4章　事業再生の税務

Q47　事業再生手続と税務概論 ………………………………… 222

Q48　債権者と債務者の取扱いの概要 ………………………… 226

Q49　事業再生手続と事業年度（決算期） …………………… 234

Q50　期限切れ欠損金の利用 …………………………………… 238

Q51　実在性のない資産の処理 ………………………………… 243

Q52　欠損金の繰戻還付 ………………………………………… 247

Q53　粉飾決算をしていたときの法人税の還付 ……………… 251

Q54　事業再生手続における租税債務の取扱い ……………… 257

Q55　事業再生手続と外形標準課税 …………………………… 263

Q56　事業再生手続における減資 ……………………………… 269

Q57　中小企業の事業再生等に関するガイドライン（再生型手続）
　　　の税務上の取扱い ……………………………………… 276

Q58　中小企業の事業再生等に関するガイドライン（廃業型手続）
　　　の税務上の取扱い ……………………………………… 283

Column　DES と疑似 DES ………………………………… 287

目　次　ix

第5章　事業再生の税務（自力再生型）

Q59　自力再生時に留意すべき税務ポイント ················· 290

Q60　自力再生時の債務免除益課税対策 ····················· 292

Q61　事業再生手続における評価損益 ······················· 296

Q62　民事再生と私的整理の税務相違点 ····················· 299

Q63　経営者による私財提供時の非課税措置 ················· 303

第6章　事業再生の税務（スポンサーM&A型）

Q64　スポンサーM&A時に留意すべき税務ポイント ········· 308

Q65　事業譲渡と会社分割の税務相違 ······················· 311

Q66　譲渡会社、分割会社の清算処理と債権放棄損 ··········· 313

Q67　第二会社方式による事業再生と税務 ··················· 318

Q68　保証債務履行のため、個人資産を譲渡した場合の所得税特例 ········ 322

第7章　取引先・株主の税務

Q69　取引先が事業再生手続をした場合 ····················· 326

Q70　出資先が事業再生手続をした場合の評価損 ············· 331

Q71　出資先が事業再生手続をした場合の消滅損（完全支配関係が
　　　ない場合）·· 337

Q72　出資先が事業再生手続をした場合の消滅損（完全支配関係が
　　　ある場合）·· 342

Column　事業再構築補助金 ···································· 348

索引 ·· 350

x

凡　例

本書における法令、通達等の略語は、おおむね次のとおりです。

会更法……会社更生法
民再法……民事再生法
民再規……民事再生規則（最高裁判所規則）
特定調停法………特定債務等の調整の促進のための特定調停に関する法
　　　　　　　　律
労働契約承継法………会社分割に伴う労働契約の承継等に関する法律
法法………法人税法
法令………法人税法施行令
法基通……法人税基本通達
所法………所得税法
所基通……所得税基本通達
消法………消費税法
通則法……国税通則法
徴収法……国税徴収法
徴基通……国税徴収法基本通達
措法………租税特別措置法
健保法……健康保険法
厚年法……厚生年金保険法
地法………地方税法
地令………地方税法施行令
新型コロナ税特法……新型コロナウイルス感染症等の影響に対応するた
　　　　　　　　　　めの国税関係法律の臨時特例に関する法律
〔使用例〕
所法2①二……所得税法第2条第1項第2号

(注)1　本書は、2024年4月1日現在の法令・通達等によっています。
(注)2　各設問の最後に各執筆担当者の名前を明示しております。

第 1 章

概　　論

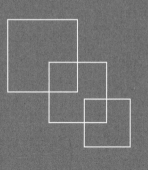

2　第1章　概　論

Q1 経営状態の把握と事業再生

Q　祖父の代から承継してきた事業ですが、ここ数年間は営業赤字が続いています。

事業再生をした方がよいと言われますが、どのように進めたらよいか、助言をください。

A　会社の現状の財務状態をよく把握し、B/S 面が弱い（悪い）のか、P/L 面が弱い（悪い）のかによって対応が相違します。

症状が軽度の場合は B/S 面・P/L 面ともに自助努力での対応が中心となりますが、症状が重い（悪い）場合の B/S 面・P/L 面での対応は金融機関や債権者の協力を得て再生手続を進める方法があります。

1.　経営状態の把握

　会社の行く末を検討するに当たって、定期的に会社の現在の状態を分析してみることは重要です。

　そうはいっても複雑な経営分析をするまでもなく、貸借対照表（以下、「B/S」といいます。）と損益計算書（以下、「P/L」といいます。）の 2 つの計算書類が示す財務の状態によって、ある程度、会社の方向性を考えることができます。

B/S が資産超過で P/L が営業黒字のケース（4 頁図右上のセル）は、健全な状態を意味するセルであり、良い状態をキープすることが望まれます。

B/S が資産超過で P/L が営業赤字のケース（4 頁図右下のセル）は、事業（P/L）の磨き上げによる営業黒字化を検討し、黒字化が無理な場合には資産超過のうちに廃業も視野に入れます。

B/S が債務超過で P/L が営業黒字のケース（4 頁図左上のセル）は、財務内容（B/S）の磨き上げによる資産超過を検討し、あるいは資産超過が無理な場合には廃業するか、不健全な部分を切り捨てて、健全部分の継続かM&A を検討します。

B/S が債務超過で P/L が営業赤字のケース（4 頁図左下のセル）は、営業赤字継続による資産の減少を防ぐために早急な廃業を検討します。

もちろん、実際にはこれほど単純な例は少なく、例えば、B/S が債務超過で P/L が営業赤字のケースでも、従業員の高いモチベーションと経営改善策によって営業黒字が見込めるときは、すぐに廃業しないで経営改善にチャレンジしてみることも可能です。

以上はあくまでも、原則的な指針としての位置づけですが、方向性に迷ったときには参考にしてほしいと思います。

〈方向性の検討〉

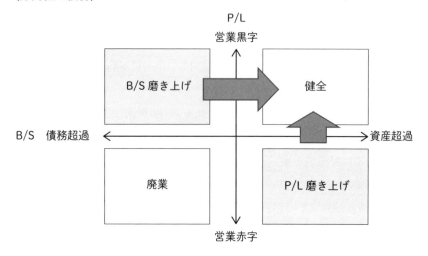

2. 事業再生の方法

　事業再生は、弱い点や悪い点を改善し修復する手続ということができます。

　B/S面が弱い（悪い）ならB/Sを磨き上げ、P/L面が弱い（悪い）ならP/Lを磨き上げます。

　B/Sの磨き上げは、会社の意思決定でできる低利用（低稼働）資産や不要資産の処分、不採算事業の整理・撤退のほか、金融機関や債権者の協力を得て債務の削減までしてもらう場合もあります。

　P/Lの磨き上げは、不採算事業や収益率が低い事業の廃業や売却、事業内容の見直しが中心テーマとなります。最近ではM&Aを利用し不採算事業を売却し、あるいは自社に不足するリソースを取得することが行われております。

（植木）

5

Q2　事業の磨き上げ

Q　当社の貸借対照表は過去に取得した遊休資産の金額などが大きく、総資産に対する利益率が低いので磨き上げが必要、と銀行の担当者に言われました。この場合の磨き上げ方法を教えてください。

A　会社の業績の良し悪しは、総合的には総資産に対する利益の割合（ROA（注1））によって評価されます。

そこで、貸借対照表 B/S はスリム化し、損益計算書 P/L は事業の見直しや固定費の削減によって磨き上げます。

磨き上げに定型的な方法はありませんが、決算書の磨き上げの観点から言うと、貸借対照表（以下、「B/S」といいます。）の磨き上げと損益計算書（以下、「P/L」といいます。）の磨き上げが必要です。B/S と P/L の磨き上げによって、会社の財務状況を健全な状態に誘導します。

1.　貸借対照表 = B/S の磨き上げ

御社の場合、過去に取得した遊休資産があるとのことですので、まずはその処分が課題となります。固定資産は、総資産に占めるウエイトが大きいこ

とが多いので、遊休資産のように収益を生まない場合には総資産経常利益率（ROA（注1））の計算式の分母のみが大きくなって、ROAは著しく悪化します。資産処分によってROAは改善しますが、将来的な資産の利用計画がある場合は、一時的に「タイムズ」のような臨時駐車場にする方法でも改善できます。

また、やや裏技的になりますが、リース会計基準の適用によって、オフバランスが難しい場合を除き、中小企業ではリース取引を利用することで、総資産を増やさず利益を獲得する方法もあります。

売掛金の適正化としては、不良債権については回収促進と回収不能な場合は損失処理、正常債権であっても回収サイト（回収期間）が長期化している取引先について取引条件の見直しによる回収サイトの短縮化を検討します。

在庫については、取引ロットや流通経路を見直すことによって圧縮できないかを検討しますが、保管場所を圧縮（例えば、2箇所を1箇所に集約）するだけで在庫が減少することもままあります。

さらに、大規模な磨き上げの方法としては、不採算事業の整理・撤退があります。複数の事業を営み、一部事業が赤字で他の事業とのシナジーが期待できない場合などです。不採算事業の整理・撤退によって得た資金は、優良事業の拡大、事業ポートフォリオの見直し、有利子負債の削減に利用します。

また、純資産が債務超過であったり、自己資本比率（注2）が低い場合、増資により純資産を厚くする方法もあります。

上記のような総資産のスリム化や純資産の増強によって企業体質は強化されますが、通常は一連の対応により固定費も削減されるため、P/L改善も伴うことが多いと思います。

（注1）　総資産経常利益率（ROA）
　　　　　総資産経常利益率（ROA）は、総資産（投資）に対するリターン（利益）の割合を意味します。この数値が低いということは、投資額が大きすぎるか、売上の回転が悪いか、利益率が低いかによります。会社全体の総合的な財務状態を見る上で、最も重要な指標です。

(注2) 自己資本比率
　　総資産に対する自己資本（純資産）の占める割合をいいます。この割合が高いほど財務の安定性が高いと評価されます。

2. 損益計算書＝P/L の磨き上げ

　B/S の磨き上げに比べて P/L の磨き上げは難しいと言われます。
　通常、無駄な経費（主には変動費）の削減は恒常的に実施しているでしょうから、主たる磨き上げの対象となるのは固定費の削減です。固定費の代表格は人件費と家賃ですが、これらの固定費を削減する意味は、事業の見直しです。不採算の事業や収益率が低い事業について、廃業や売却、ビジネスモデルの見直しを行い、経営体質の強化を図ります。

〈磨き上げのイメージ〉

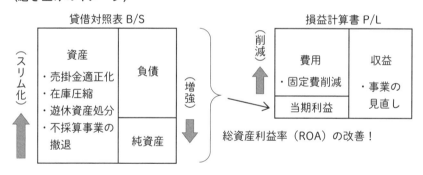

　しかしながら、得意先ごとの粗利益率分析（粗利益率 ABC 分析）をするだけで、高い利益率になっている得意先（ランクＡＢの得意先）と低い利益率の得意先（ランクＣの得意先）を明確にし、又は発見し、粗利益率改善のための対応（値上げや取引縮小など）をするだけで、利益率や利益額が改善できるケースもあります。まずは、利益率が上位 50％ より低いランクＣの得意先について、見直し対象にしてみるのもよいと思います。なお、ABC

8 第1章 概 論

格付けはあくまで一例ですので、対象会社の実情に応じて格付け（例えば A
～C など）してみてください。

〈粗利益率 ABC 分析〉

得意先名	売上	売上原価	粗利益	粗利益率	ランク	対応策
甲社					A	
乙社					B	
丙社					A	
丁社					C	
・						
・						

注）ランク A は粗利益率上位 20 ％、B は 20 ％～50 ％、C はそれ以外
　　％は、会社全体の粗利益に占める割合
　　特にランク C については速やかな対応を要する

　磨き上げによって、事業をより良い健康状態に仕上げることが可能となり
ます。
　他方、自力で磨き上げができない場合には、B/S 面であれば法的手続等に
よる債務カット、P/L 面であればスポンサーによる経営支援や譲渡を検討す
ることになります。

（植木）

Q3 チェックリストによる磨き上げ

Q "会社の財務状態を磨き上げた方がよい"と言われますが、正直何をしたらよいのか、よくわかりません。何から手をつけたらよいか、教えてください。

A "磨き上げ"とは、会社の財務状態や経営状況をより良くすることで、決まった方法があるわけではありません。しかしながら、何をしたらよいかわからないという声もよく耳にします。一例としては、「健全性チェックリスト」を用いて✖となった項目につき、〇になるように対策を立て実施する方法があります。

1. チェックリストによる健全性チェック

　チェックリストの例を以下に示したので、まずは会社の現在の状況をチェックしてみてください。

　20項目のうち過半の10項目以上が〇であれば、健全の範疇に入ると言えます。

　また、チェックリストの実施によって、対象会社の強みと弱みが明確になります。強みは伸ばし、弱みは"磨き上げの課題"として位置づけ、〇又は×の理由を分析し、経営にフィードバックすることも有用です。

〈健全性チェックリスト〉

	項目	内容
1	C/F	営業キャッシュフロー（営業利益）が３期連続黒字である
2	収益性	総資産経常利益率は５％以上である
3	安全性	流動比率は 150 ％以上である
4	成長性	増収、増益が２期以上続いている
5	効率性	在庫は平均売上高の１か月分以下である
6	設備投資	減価償却費以上の設備投資をしている
7	教育投資	教育訓練費が売上高の３％以上である
8	有利子負債	会社の有利子負債は月商の３か月以下である
9	債務保証	会社若しくは現経営者は第三者の債務保証等をしていない
10	オーナー債権	代表者に対する貸付金が資本金を超えていない
11	競争力	他社にない「企画力、技術力、営業力、ノウハウ等」がある
12	競争力	他に誇れる顧客と従業員を持っている
13	支配状況	取締役会の過半数はオーナー一族で支配できている
14	支配状況	株主名簿は明確であり、オーナー一族で 2/3 超を支配できている
15	経営理念	経営理念を有し、社内に浸透している
16	管理会計	事業計画を策定し、予実管理ができている
17	ファイナンス	メイン銀行から安定した借入をしている
18	業歴	業歴 20 年以上である
19	従業員	安定しており、平均在職年数は 15 年以上である
20	税務申告	適正申告に努めており、過去５年内に重加算税を課されたことはない

2. 主な磨き上げ項目

(1) 営業キャッシュフローや営業利益が赤字
(対策)

　一過性の赤字の場合には、黒字化の事業計画を立て、計画と実績を月次で管理しながら営業黒字化に導きましょう。

　恒常的な赤字の場合、事業構造の見直しが必要となる場合が多いと思います。ビジネスモデルの見直し、費用構造の見直し等によって、営業黒字化を図りましょう。

(2) 総資産経常利益率が低い場合
(意味)

　総資産経常利益率（ROA）は、総資産（投資）に対するリターン（利益）の割合を意味します。この数値が低いということは、投資額が大きすぎるか、売上の回転が悪いか、利益率が低いかによります。会社全体の財務状態を見る上で、最も重要な指標です。

(対策)

　総資産の圧縮、売上回転率の増加、収益拡大、費用の見直しによって、ROA向上を図りましょう。

(3) 流動比率が低い場合
(意味)

　流動比率は、流動資産（短期資産）と流動負債（短期債務）の比較によって、短期的な支払能力を見る指標です。この数値が低いということは、短期債務の支払のための短期資産の貯えが十分でないことを意味します。また、固定資産投資を短期債務で資金調達した場合も数値が低くなります。

(対策)

継続的な利益の計上や短期債務の長期債務化、又は増資による流動資産の増加、流動負債の減少を図ります。

（4）在庫が大きい場合

(意味)

在庫金額が大きいということは、通常備えるべき量を超えて在庫が不良化、滞留化している場合があります。また、資金がその分寝ている状態にあるため、負債も大きくなっている場合があります。

(対策)

決算セールや処分による在庫の圧縮、それでも売れないデッドストックは廃棄します。

（5）管理会計面が弱い

(意味)

中小零細企業では、せっかく決算書を作成しても経営に生かされず、税務申告くらいにしか利用されていない場合が多いようです。

(対策)

せっかく時間と費用をかけて作成した決算書類を、税務申告だけにしか利用しない手はありません。

簡単な利用法としては、下図のとおり、①事業計画を作成し、②事業計画を数値に落とし込んだ月次予算を作成し、③月次試算表の実績と予算を比較し、④予算と実績の差異につき、原因を分析、判明した原因は関係部署内で共有し、必要に応じて事業計画を修正するなどして、経営に役立てましょう。

この一連の流れをPDCAサイクル（Plan 計画・Do 実行・Check 評価・Action 改善）により繰り返すことで、継続的な改善活動となり、決算情報がより有効活用できます。

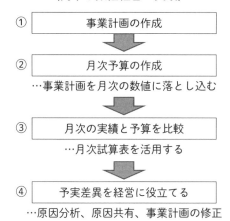

　チェックリストの項目ごとに、B/Sの磨き上げ、P/Lの磨き上げの区別、目標例を示してみましたので、参考にしてください。

〈健全性チェックリスト〉

	項目	内容	Check欄○か×	数値	非数値	B/S磨き上げ	P/L磨き上げ	目標
1	C/F	営業キャッシュフロー（営業利益）が3期連続黒字である		■			■	事業構造の転換
2	収益性	総資産経常利益率は5％以上である				■	■	収益性、効率性の向上
3	安全性	流動比率は150％以上である		■		■		財務の健全化
4	成長性	増収、増益が2期以上続いている		■			■	収益性の向上
5	効率性	在庫は平均売上高の1か月分以下である		■		■		財務の健全化
6	設備投資	減価償却費以上の設備投資をしている		■		■		新規投資
7	教育投資	教育訓練費が売上高の3％以上である		■			■	情熱を持った学習と教育
8	有利子負債	会社の有利子負債は月商の3か月以下である		■		■		債務の圧縮
9	債務保証	会社若しくは現経営者は第三者の債務保証等をしていない			■	■		簿外債務の解消
10	オーナー債権	代表者に対する貸付金が資本金を超えていない		■		■		公私の明確化
11	競争力	他社にない「企画力、技術力、営業力、ノウハウ等」がある			■	■		コアコンピタンスの獲得
12	競争力	他に誇れる顧客と従業員を持っている			■	■		コアコンピタンスの獲得

Q3 チェックリストによる磨き上げ　15

	項目	内容	Check欄○か×	数値	非数値	B/S磨き上げ	P/L磨き上げ	目標
13	支配状況	取締役会の過半数はオーナー一族で支配できている			■			支配の確保
14	支配状況	株主名簿は明確であり、オーナー一族で2/3超を支配できている			■			支配の確保
15	経営理念	経営理念を有し、社内に浸透している			■			経営理念の浸透
16	管理会計	事業計画を策定し、予実管理ができている			■			数値経営の導入
17	ファイナンス	メイン銀行から安定した借入をしている		■			■	財務の健全化
18	業歴	業歴20年以上である			■			安定した経営
19	従業員	安定しており、平均在職年数は15年以上である			■			働き易い職場
20	税務申告	適正申告に努めており、過去5年内に重加算税を課されたことはない			■			適正申告の推進

（植木）

16 第1章 概論

Q4 事業再生手続に舵を切るタイミング

Q 当社は創業40年となる20店舗を有する中堅小売り店ですが、近年の不況のため毎年赤字が続き、3年前から債務超過となってしまっています。

「事業再生」の手続はどの時点で行うのがよいのでしょうか。

A 赤字が続き、債務超過に至ってしまえば、破産の危機に陥ってしまいます。債務超過になった場合、今後2～3年での黒字転換が難しい状況であれば、早期に「事業再生」を実施すべきと考えられます。

赤字から黒字転換できたとしても、資金不足が解消せず、資金ショートの危険が生じている場合には、早期に「事業再生」を実施する必要があります。

1. 事業再生とは

事業を営む者や企業が、赤字が続き、債務超過に至ってしまった場合には、資金不足となり、事業活動を継続することができなくなる危険が生じます。このような窮境状況にある場合に、事業を廃止・清算するのではなく、事業をなんとか継続するための手法が「事業再生」手続です。

「事業再生」手続のポイントは、①資金繰りの建て直し、②事業収益力の見直し、③過大負債の削減を行うことにあります。窮境状態に至ってしまった場合、資金不足となり資金ショートのおそれが高まりますので、金融債務について一定範囲の支払を一時期留保してもらって、資金繰りを建て直しながら、支払留保の期間中に事業収益力の見直しを実施し、それでも負債を適正に返済することが難しい状態の場合には、過大な負債の削減を実施することになります。

2. 事業再生の手続の種類

「事業再生」手続には、大きく分けて法的再生手続と私的再生手続があります。

法的再生手続は、法律の規定によって裁判所が手続を監督しながら進める手続であり、手続開始時におけるすべての債権者に対して支払猶予してもらいながら手続を進めます。民事再生手続や会社更生手続がこれに当たります。

私的再生手続は、必ずしもすべての債権者に支払猶予を依頼するのではなく、主に大口債権者たる金融機関のみに支払猶予を依頼しながら、金融機関と協議の上で再建策を構築する手続になります。事業再生 ADR、中小企業活性化協議会、特定調停手続、中小企業版私的整理ガイドラインがこれに当たります。なお、これらの手続には一定の手続ルール（準則）があり、そのルールに則って私的再生手続を進めていきますが（準則型私的整理手続）、特にルールが決まっている訳ではなく、弁護士が前面に立って債権者との協議を進めて行く方法もあり、「純粋私的再生手続」と呼ばれています。純粋私的再生手続では、金融機関との協議の中で、会社の事業を他の会社に事業譲渡した上で、最後は、従前の会社を特別清算手続にて過大負債とともに清算する手法（いわゆる第二会社方式）などが行われています。

3. 事業再生手続実施のタイミング

「事業再生」手続を経ずに再建できれば、債権者に迷惑をかけることも少なくて済みますので、これに越したことはありません。しかし、再建できると思って、「事業再生」手続実施のタイミングを見誤り遅れてしまった場合には、「事業再生」手続を実施しても解消できないほど負債は過大となり、また、事業収益力の毀損が著しくなってしまい、「事業再生」を実施する期間中に必要となる資金が枯渇してしまうことなどによって、破産しか選ぶ途がなくなってしまいます。

通常、「事業再生」手続の実施が早ければ早いほど、その効果は大きくなります。資金が多く残っていれば、時間をかけて再建策を講じることができますし、事業収益力の毀損が大きくなければ、大手術でなく軽い手術にて改善することができます。

「事業再生」手続を実施するタイミング、判断ポイントをまとめると以下のとおりです。

〈「事業再生」手続を実施する判断ポイント〉

資金繰り	半年以内（一定の目安）に、資金不足が原因にて、通常の事業活動を実施できなくなるおそれがある場合
経常利益	経常赤字を解消する目途が立たない場合
財務内容	大幅な債務超過となっており、その状態を解消する目途が立たない場合

すなわち、資金がショートしてしまえば事業活動を継続できませんので、早期に「事業再生」手続を実施する必要があります。また、資金繰りが一定期間において継続できるとしても、経常赤字が継続して解消の目途が立たなければ、早晩に資金繰りにも影響が生じる危険があります。経常利益を出していてもその利益の額は大きくないため、大幅な債務超過を解消する目途が

立たない場合には、同様に過大負債の返済負担に耐えられなくなってしまいます。よって、前記判断ポイントのどれか一つでもあてはまる場合には、事業再生を検討すべきということになります。

「事業再生」の必要性を感じた場合には、早期に事業再生を専門とする弁護士に相談し、「事業再生」を実施する必要があるか見極めてもらうのがよいと思います。

（髙井）

Q5 再生か廃業（破産、清算）かの選択

Q　不況のため毎年赤字が続き、債務超過となってしまっていますが、再生が可能な状態でしょうか。それとも、早期に廃業手続を実施した方がよいのでしょうか。

A　再生が可能か否かを判断するポイントは、その事業に価値があるか否か、事業価値を維持し続けることができるか否かによって決まります。さらに、その事業を再生するための経営陣の意欲も必要です。

1.　再生と廃業の違い

　赤字が続き、債務超過に至ってしまった場合に、会社を建て直して事業活動を継続することが再生であり、会社の事業活動を終了させる場合が廃業です。負債を多く抱えてしまったままで廃業する場合には、その負債をきちんと処理しないと廃業手続を終了することができませんので、破産手続や特別清算手続などの清算手続（負債整理手続）を実施することになります。負債をすべて支払ってなくすことができれば、円満な廃業（通常清算）となります。

　そうすると、過大な負債があって、解消できないほど大幅な債務超過の場

合には、事業の再生は不可能であり、破産等の清算手続しか選択の余地がないように思われるかもしれません。しかしながら、その事業に価値があり、一定条件下において事業継続が可能な状態であれば、例えば、負債を適正な状態まで債権カットしてもらったり、又は第三者に事業を譲渡することで、事業を存続させる方法を取ることができます。

2. 再生と廃業の選択のポイント

　窮境状況の会社の事業を再生させるか、それとも再生をあきらめて廃業するかの判断のポイントはどこにあるかといいますと、対象となる「事業」に価値があるか否か、また、一定の環境において事業継続することができるか否かという点になります。

　例えば、窮境状況になく、営業利益を出すことができる事業であったとしても、経営環境の変化によって、5年もすれば売上高が激減することが予想できるのであれば、早期に廃業することを選択することになります。したがって、事業に価値があるか否か、また、現時点では営業利益が出ていなくても、一定の条件が整う環境においては営業利益を出して事業継続が可能であるか否かが、大きな判断ポイントになります。

　そして、窮境状況にある場合には、様々な問題を解決しながら事業再生を図ることになるため、経営陣において事業をなんとかして再生させるという強い意欲が必要となります。

3. 再生の手法

　窮境状況によって再生の手法が異なります。再生の手法としては以下のような手法があり、さらにこれらの手法を実施するために、法的再生手続や私的再生手続を利用することになります（私的整理についてQ8参照、法的整

22 第1章 概　論

理について Q15 参照)。

手法	内　　容
リスケジュール	事業はしっかりしている場合に、過大な負債を長期間での返済スケジュールに変更することで安定した事業継続が可能となる方法
債務免除	事業はしっかりしている場合に、過大な負債に対し債務免除を得ることによって、適正に返済可能な範囲とする方法
第二会社方式	事業はしっかりしている場合に、過大な負債から事業を切り離すため、負債のない別会社に対して事業を譲渡し、過大負債を抱えた元の会社については特別清算（又は廃業型特定調停）を行う方法
スポンサー支援型	リスケジュール型、債務免除型、第二会社方式において、スポンサー企業から、返済資金の支援や事業の立て直しにかかる支援を得て再生する方法

4. 廃業の手法

　窮境状況によって再生をあきらめ廃業とする場合や、窮境状況に至る前に廃業を行う場合として、以下の手法があります。

手法	内　　容
負債未処理型清算	破産のように過大な負債をそのままにして清算を行う方法
負債処理型清算	過大な負債について、特定調停や特別清算など一定の手続の中で処理を行うことを前提として清算を行う方法
通常清算	負債はすべて支払うことができる状況において清算を行う方法

(髙井)

Q6 自力再建か M&A かの選択

Q 　窮境状況に至り、このままでは破産となってしまうため、事業再生を行いたいと思いますが、自力再生とスポンサー支援を受けた M&A を行う場合の違いについて教えてください。

A 　事業再生をめざす場合、その経営陣において経営をあきらめてしまっているような場合以外においては、まずは当該会社が自助努力によって経営改善、事業収益力の改善を図ることになります。

　しかし、収益力が自力ではなかなか上がらず、債権者から了解を得ることができる状況まで再建策を講じることが難しい場合には、第三者の支援を得て、その資金力、経営力、事業シナジーなどによって、債権者への返済を実施し、事業収益力を改善することをめざすことになります。この第三者から支援を受けるに当たり経営権を第三者に譲渡する場合を M&A といいます。

1. 自力再建とは

　自力再建とは、窮境状況にある会社において、事業再生の手続の中で、一

定期間の支払猶予を得ながら、経営改革や事業収益力の改善策を構築し実践することで、事業を立て直すことです。事業収益力が回復したとしても、支払猶予となっている過大な負債の処理が問題として残りますが、事業再生の手続内にて、債務免除を得ることができれば、再生が可能となります。

債務免除後の適正規模となった負債に対する返済は、基本的に改善した事業による収益をもって長期間の分割弁済を実施することになります。

2. スポンサー支援型（M & A 型）再建とは

自力再建が困難である場合や、より安定した状況にて事業を行うために、スポンサー支援を受けることでより安定した再建を図ることを目的として、第三者の支援を受ける方法です。第三者からの支援としては、業務提携など資本参加がない形で行う場合もありますが、窮境状況にある会社の再建においては、資本参加を必要とする場合が多く、出資を受けて共同経営となる方法のほか、株式譲渡や合併、既存株式の減資後に出資する形にて、経営権を譲り渡す場合も多くみられます。

そのほか、事業の一部を譲り渡す方法として事業譲渡や会社分割の手法がとられることもあります。資金支援を受ける形の場合には、通常、その資金をもって債務免除後の債務に対して一括にて弁済が行われます。

3. 自力再建を断念してスポンサー支援を求める場合

自力再建ではなく、スポンサー支援を最初から求める場合もありますが、自力再建をまず検討することの方が多いと思います。自力再建を最初に検討し、自力再建がうまく行かない結果になったときにスポンサー支援を求めることになります。自力再建がうまく行かない場合としては、①事業再生を実施するだけの資金的余裕がない場合、②負債が過大であり、自力再建による

〈スポンサー支援の方法〉

収益力では再建計画を立てることができない場合、③経営者に適任者がいない場合、④債権者において従前の経営陣による自力再建を拒絶した場合が考えられます。

事業再生を実施する場合には、通常は半年以上の時間がかかることになるため、この期間に資金ショートが生ずるほど資金不足が甚だしい場合には、即時にスポンサーを探して資金的支援を得る必要があります。工場などにおいて近い将来に高額の設備投資が必要不可欠であるような場合にも、その資金負担ができなければ、自力再建では事業継続は困難であり、スポンサー支

援が必要となります。

　また、自力再建によって、一定の収益を上げて返済原資を作ることができたとしても、例えば、優先債権である公租公課の滞納額が大きく、この返済が精一杯であって、支払猶予を受けている金融機関等への返済がまったくできないのであれば、足りない弁済資金をスポンサー支援によって賄う必要が生じます。

　さらに、現社長が高齢であったり、経営責任をとって退任するような場合に、後継者となる者が不在であれば、そもそも会社経営が成り立たないため、第三者に経営を委ねることになります。

　他方、債権者によってスポンサー支援型とするよう求められることもあります。すなわち、現経営陣は経営を継続する意思があるものの、それまでの経営内容から、経営責任を問われ、金融機関から経営者交代を求められ、又は第三者のスポンサー支援による経営でないと再建策を支援しない旨の意向が示されることがあり、このような場合にもスポンサー支援を必要とすることになります。

　スポンサー支援を意図しても、適切なスポンサーを探すことには大変な苦労が伴い、うまく行かない場合もあるため、適切なスポンサーを見つけられず、やむを得ず自主再建を継続する場合もあり得ます。

（髙井）

Q7 法的整理か私的整理かの選択

Q 事業再生を実施したいと思いますが、法的整理と私的整理のどちらの手続を取るのがよいのでしょうか。違いを教えてください。

A 事業再生の手続においては、法的整理（法的再生手続）と私的整理（私的再生手続）があります。法的整理においては、すべての債権者を対象として支払猶予（支払停止）をしてもらい、債権カットを要請することになりますので、買掛先などの取引先に対しても大きな影響が生じます。したがって、取引先に影響を与えないようにするためには、金融機関のみを対象とする私的整理をまず最初に検討することになります。

ただし、私的整理は全対象債権者（金融機関）から最終的に同意を得ないと成立しないため、全対象債権者から同意を得ることが難しい場合には、すべての債権者を対象とするものの、多数決によって成立する法的整理を実施することになります。

1. 法的整理とは

　法的整理（法的再生手続）とは、裁判所の監督下において、法律の規定に基づき手続が決められており、基本的に全債権者を対象として、債権者を平等に取り扱いながら、債権者の多数決によって再建策の成否が決まることになります。主に中小企業を対象とする民事再生手続や、比較的大規模な企業を対象とする会社更生手続があります。法的整理の種類・特徴については、Q15 を参照してください。

　メリットとしては、裁判所が監督する前提で、法律によってしっかりとした手続の内容が決められているため、比較的手続自体は安定していると評価できることが挙げられます。手続が開始した時点におけるすべての債権者に対して支払が禁じられ、平等に取り扱わねばならないとされます。それらの債権者への弁済条件を内容とする再生計画案が裁判所に認可されるためには、債権者集会にて、対象債権者の多数決の投票による再生計画案への同意（賛成）で決まることになります。民事再生手続であれば、投票を行った債権者の過半数の賛成があり、かつ、その賛成者の債権額が総債権額の 2 分の 1 以上であることが可決要件とされています（民再法 172 の 3）。したがって、全対象債権者の同意が必要とされる私的整理よりは再建計画の認可要件は緩やかといえます。

2. 私的整理とは

　私的整理（私的再生手続）とは、裁判所による監督によって再建するのではなく、金融機関などの大口債権者（通常は、金融機関のみ）を対象として、協議によって債務者の再建を進める手続です。よって、メインバンクによる支援があると進めやすい手続といえます。私的整理の種類・特徴については Q8 を参照してください。

金融機関を対象とする私的整理においては、一定の手続ルールを決めて行う準則型私的整理を利用することが多く、大規模な企業においては事業再生ADR が利用され、中小企業においては中小企業活性化協議会や中小企業版私的整理ガイドラインが利用されています。さらに、裁判所の調停手続を利用して債権者と債務者が協議によって再生を図る手続として、特定調停手続があり、こちらは協議を行う場所は裁判所となりますが、法的整理のようにすべての債権者を対象として、多数決にて再生計画を認可するのでなく、他の私的整理と同様に債権者全員の同意をもって再生計画を成立させるため、私的整理に分類されています。

3. 私的整理と法的整理の選択基準

私的整理と法的整理の特徴をまとめると以下のようになります。

	私的整理	法的整理
対象債権者	主に金融機関	全債権者
再建計画成立要件	全対象債権者の同意が必要	対象債権者における多数決によって決まる
債権者による抜け駆け的行為の是正	基本的に是正困難	否認権行使による是正
経営陣の不正への対応	基本的に個別裁判による	法的整理手続内にて調査、請求する制度がある
取引への影響	あまりない	取引先も対象債権者となり、また、法的整理となったことが知れ渡ることによる影響がある

取引先に迷惑をかけることや取引に対する影響を考えると、私的整理をまず選択することになります。その上で、私的整理を進めることが困難であったり、法的整理の方が望ましい事情がある場合に法的整理を選択することに

なります。

　私的整理は金融債権者を対象としてその全員から同意を得る必要があるため、これまでの経緯から債権者の一部において感情的になるような課題が生じていたり、経営陣に不正があるなどにより、債務者の再生には同意できないことが明らかな場合には、私的整理を進めてもまとまらないことが明らかですので、法的整理を選択することになります。

　さらに資金繰りが厳しく、金融機関への支払のみを止めても資金ショートが生じる危険がある場合には、すべての支払を止める必要がありますので、すべての債権者を対象とする法的手続を取ることになります。取引先等の債権が過大となってしまっていて、再生計画を作成するにおいて、金融機関の債権のみをカットするだけでは資金が足りず、取引先等の過大な債権もカット対象とする必要がある場合にも、法的手続を選択してすべての債権者を対象とすることになります。

　逆に、法的整理となったことを理由として、取引が破綻したり、契約解除となる危険が高い場合（例えば、ブランドからライセンスを受けて取引を行っている場合には、往々にして、法的整理を行っている先にはライセンスを与えないという対応がなされることがあります）には、なんとしてでも私的整理ができないかという姿勢で検討することになります。

（高井）

第2章

事業再生の法務

32　第 2 章　事業再生の法務

Q8 私的整理手続の種類・特徴

Q 　事業再生を検討していますが、私的整理手続にはどのような種類があるのでしょうか。また、それぞれの手続の特徴と選定基準を教えてください。

A 　私的整理としては、大規模な企業において主に利用されている事業再生 ADR、中小企業が利用する中小企業活性化協議会、中小企業版私的整理ガイドライン、さらに、中小企業や小規模事業者において主に利用されている特定調停手続があります。そのほか、現在は廃業支援を中心に実施している地域経済活性化支援機構（REVIC）の支援スキームや、特にこれらの機関を利用せずに、債務者と金融機関との協議によって進める純粋私的整理という手続があります。

　それぞれ、債務者（企業）の規模や、支援方法に関し、利用のしやすさに違いがありますので、事業再生を専門とする弁護士の助言を得て手続を選択することが望ましいと思います。

1. 準則型私的整理の種類

　私的整理においては、その手続を予め規定し、その規定（準則）に従って進めるものがあり、準則型私的整理と呼ばれています。最近において私的整

理という場合は、ほとんどこの準則型私的整理のことですので、準則型私的整理の種類について説明します。

① 事業再生 ADR

上場企業など比較的大規模な企業の私的整理に利用されています。裁判外紛争解決手続の利用の促進に関する法律及び産業競争力強化法によって、その手続の概要が定められています。これら法律の要件を充たした上で、事業再生 ADR を実施する機関として法務大臣の認可を受け、かつ、経済産業大臣から認定された民間事業者たる一般社団法人事業再生実務家協会が主に中心となって実施していますので、手続を行う場合の申込みも事業再生実務家協会に対して行うことになります。なお、事業再生 ADR の詳細については、Q13 を参照してください。

大規模な企業の再建策を講じることを目的としているため、第三者の専門家（弁護士、公認会計士）の意見等を得ながら慎重に手続を進めるため、金融機関にとっては安心して手続を進めることができますが、他方で、他の私的整理手続と比べると手続費用が高額となります。

② 中小企業活性化協議会

中小企業活性化協議会も、産業競争力強化法によって設置されている機関であり、各地域の商工会議所等にて設置されています。各地域の金融機関 OB などのスタッフにより、中小企業の再生を支援しており、専門家にかかる費用について一定の範囲においては補助が利用できるなど、費用面において比較的安く利用できる制度です。中小企業活性化協議会の制度の詳細については、Q9 を参照してください。

最近に至るまでは、事業内容を検証し、事業改善策を構築した上で、収益力を上げることを支援し、その期間中の金融機関への元本支払を猶予し、さらに事業改善の目途が立てば支払方法を変更するリスケジュール策定の支援

を行うことが中心でしたが、最近においては、過剰な債権の債務免除を内容とする再建案（「抜本再生」といいます。）にも取り組んでいます。

③　中小企業版私的整理ガイドライン

　全国銀行協会にて、2022年に策定されたガイドラインです。三部構成となっており、事業再生の場面については、第三部中小企業版私的整理手続が適用対象となります。特徴としては、手続実施を担う第三者機関が存在しない点です。その代わりに手続の公正を保つため、第三者の弁護士等が第三者支援専門家となり、債務者が作成した事業再生計画案や弁済計画案を確認して意見書を提出する扱いとなっています。また、廃業型の私的整理の手続も用意されています。詳細はQ11を参照してください。

④　特定調停手続

　全国の簡易裁判所において実施されている調停手続です。当事者が合意すれば地方裁判所にても実施することができます。その詳細な内容はQ14を参照してください。

　債務者代理人たる弁護士が主導して、債権者たる金融機関との利害調整を図りながら進める手続であり、簡易裁判所で実施される特定調停手続においては、中小企業や小規模事業者が対象となります。他方、中堅以上の企業の場合は、簡易裁判所ではなく地方裁判所にて、専門家の調査支援（調査嘱託）を受けるなどして協議をまとめていくことになります。

⑤　地域経済活性化支援機構

　地域経済活性化支援機構による支援は、株式会社地域経済活性化支援機構法によって設立された株式会社地域経済活性化支援機構によって行われる支援であり、以前は、地域の中核となる中規模企業の再生支援を積極的に実施していました。2018年10月以降は、再生支援事業を縮小しておりましたが、

2020 年 6 月に新型コロナウイルス感染症の拡大による地域の中堅・中小企業の経営基盤の改善を支援するため再生支援事業を継続しています。その内容については、Q12 を参照してください。

2. 純粋私的整理

これまで紹介した私的整理は一定の手続ルール（準則）が決められている準則型私的整理手続ですが、本来、私的整理は、債権者と債務者が協議により再建方法を決定する手続であり、必ずしも準則がなくても、協議がきちんと実施されれば私的整理を成立することができます。このように準則によらずに協議により私的整理をまとめる方法を純粋私的整理といいます。

したがって、特に小規模事業者に対する整理においては、多額の費用をかけて上記 1 ①から⑤の手続を利用せず、債務者代理人たる弁護士が中心となって金融機関と協議を実施して、再建策をまとめることもよく行われています。

3. 第二会社方式

私的整理において、金融機関の金融負債をカットする方法として、債務免除を求める方法が一般的ですが、その債務免除額をいくらとするかを決め、金融機関の了解を得るためには、詳細な説明とそのための資料が必要であり、私的整理を成立させるためのハードルがかなり高くなっています。

そこで、私的整理において、債務免除と同じ効果を求めるために、しばしば、債務者において新しく会社を設立し、その会社に事業すべてを譲渡することで、金融負債のない新しい会社にて事業を再出発させる方法が取られることがあります。この方法を第二会社方式といいます。この場合、事業譲渡においては適正な代金が新会社から債務者会社に支払われる必要があり、新

会社においてその資力がなければ、融資を受け、又はスポンサーから金融支援を受けたり、又は事業収益から分割にて弁済をするという形をとることになります。

　金融機関においては、この事業譲渡対価が、その時点の事業価値として相当であるかをチェックし、事業譲渡対価が相当であれば、事業譲渡については異論を唱えないという対応をとります。その上で、債務者会社からは、当該事業譲渡対価や事業譲渡の対象とならなかった資産の換価代金を原資として、平等弁済が行われることになりますが、事業をすべて譲渡した債務者会社は清算を予定しておりますので、いわば「清算前の債務者資産はすべて弁済原資とする」という対応によって、金融機関としては、債権全額の回収ができなくてもやむを得ない、という結論を出すことになります。

　このような筋道にて、実質的には債務免除を受けたことと同様の効果を得る手法が多く行われています。

〈第二会社方式〉

① 第二会社へ事業譲渡

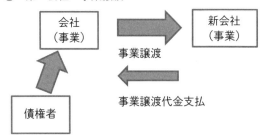

② 旧会社清算(特別清算等)

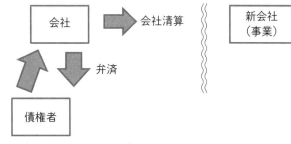

(会社清算により残債務免除)

(髙井)

38 第2章 事業再生の法務

Q9 中小企業活性化協議会の手続

Q 事業再生を検討していますが、中小企業活性化協議会とはどのような手続でしょうか。それを利用したときのメリットとデメリットを教えてください。

A 中小企業活性化協議会は、各都道府県の商工会議所などに設置された中小企業の私的整理のための支援機関です。公的機関ですので、中小企業を対象として、比較的費用をかけずに利用できる点は大きなメリットです。他方、各協議会により運用面に多少の違いがありますので、利用する場合は予め各協議会窓口にて運用方法を確認しておくと良いと思います。

1. 中小企業活性化協議会とは

中小企業活性化協議会（以下、「協議会」といいます。）は、産業競争力強化法によって設置されている機関であり、各地域の商工会議所等にて設置されています。中小企業の私的整理の実績があり、各地域の金融機関において信頼されている手続といえます。各地域の金融機関OBなどがスタッフとなっているため、地域の金融機関との連携が円滑であり、特にリスケジュールを得ながら、中小企業の経営改善に対する支援を行うことを得意としてい

ます。他方、協議会によって多少の運用面の違いがあり、債務免除の実施に慣れていない協議会も散見されます。したがって、実際に利用する場合には、窓口に相談してその運用内容を確認しておくと良いと思います。

　なお、他の私的整理手続と同様に、会社の整理と一緒にその保証人の保証債務の整理について、経営者保証ガイドラインを利用して実施することも可能です。また、協議会にて、保証人のみの保証債務を経営者保証ガイドラインにて処理する事例もあります。

2. 中小企業活性化協議会の手続の流れ

(1) 第一次対応

　窮境状況にある中小企業からの相談対応が第一次対応となります。3期分の直近の税務申告書類等の資料を持参し、どのような形で経営改善、事業再生を進めるのがよいのか、協議会の専属スタッフが相談にのってくれます。

　この窓口対応により、再生計画策定支援を受ける必要があると判断され、債務者において、その利用を希望する場合には、次のステップである第二次対応に進みます。なお、協議会は中小企業のみを対象とし、また不動産賃貸業など事業の種類によっては支援を受けることができませんので、留意が必要です。

(2) 第二次対応

　協議会による再生計画策定支援を受ける手続になります。協議会はその独自の基本要領に従って手続を進めていきますが、大きな流れは、①支援開始、②支援チーム編成、③債権者会議（アドバイザー会議）、④専門家による調査（デュー・ディリジェンス。DD）、⑤再生計画案の策定、⑥債権者会議によるDD報告・再生計画案報告、⑦債権者の意思結集（再生計画の成立）という流れとなります。

〈再生支援協議会の手続の流れ〉

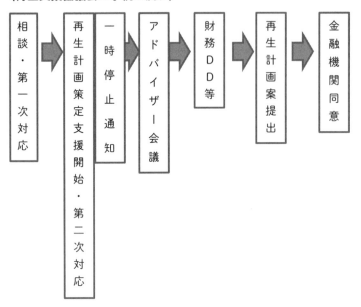

(3) モニタリング

　再生計画が成立した後においても、主要金融機関と連携し、引き続いて当該企業の計画達成状況のモニタリングを実施しています。

3．中小企業活性化協議会利用のメリット、デメリット

(1) メリット

　専門家にかかる費用について一定の範囲においては補助が利用できるなど、費用面において比較的安く利用できます。また、金融負債調整においては、リスケジュールのほか、負債の劣後化（DDS）、資本性借入金とする手法、債権放棄など、これまで幅広い実績を有しているので、金融機関の意向との調整を経て、再生計画が成立しやすい傾向にあると思われます。計画策定時

期についても、個別事情を汲んでスケジュールを立てていきますので、中小企業の事情に応じた計画策定支援がなされています。

(2) デメリット

準則型私的整理として、①実質債務超過を5年以内に解消すること、②経常損失は概ね3年以内に黒字転換すること、③再生計画終了年度において、有利子負債の対キャッシュフロー比率が概ね10倍以下となることなどを内容とする数値基準があり、これを充足しない場合には、3年以内の暫定的な対応（プレ再生計画による対応）を実施することとされています。

しかしながら、中小企業の経営環境は厳しくなる傾向にあり、容易に数値基準をクリアできる計画を策定することが難しいため、現状においては、多くの会社がプレ再生計画の状況にあり、抜本的な再建策を講じられないままとなっています。

また、協議会によっては、債権者調整が困難との理由にて、債務免除案件をなかなか取り扱うことが難しい場合も見受けられます。

4. 中小企業活性化協議会利用の新しい対応

協議会は、世の中の不況等の状況に応じて、以下のような中小企業の再生支援プログラムを適宜策定しています。詳しくは協議会の全国本部が置かれている独立行政法人中小企業基盤整備機構のホームページを参照してください。

(1) 協議会スキーム

前述のような手続の流れによって支援をする方法は、協議会スキームの中で、従来型スキームの通常型とされていますが、従来型においては通常型以外にも、主にメインバンクと債務者企業が協議し、協議会に持ち込む前段階

にて必要な DD が実施され、再生計画案が立案された上で、その検証手続を協議会にて行うスキームとして、検証型スキームがあります。通常型が手続を進めるのに半年はかかるのに対し、検証型は再生計画案の検証調査を実施したのちすぐに債権者会議にて意思結集手続を行うため、3 か月程度で合意を得る手続となっています。

(2)　中小企業再生支援スキーム

協議会スキームと別に、全国本部が関与して協議会側の複数の専門家が中心となって、より慎重かつ厳格な手続として、中小企業再生支援スキームがあります。厳格な手続であるのでほとんど利用されていませんが、企業再生税制の適用がある点に大きなメリットがあります。

(3)　再チャレンジ支援

事業再生が困難な案件に対し、債務整理に向けて、弁護士等の専門家を紹介するなどの支援もなされています。

（髙井）

Q10 中小企業版私的整理ガイドラインの手続（再生手続）

Q 中小企業版私的整理ガイドラインが新しく制定されましたが、どのような手続でしょうか。再生手続で利用する場合の手続内容や特徴について教えてください。

A 中小企業の事業再生等に関するガイドライン（以下「本ガイドライン」という。）における再生型私的整理手続は、本ガイドラインの第三部に規定されています。

中小企業者である債務者と金融債権者等との間で、債務の返済猶予や債務減免等の合意をし、当該債務者の事業再生を行う私的整理手続です。債務者は、外部専門家の支援を受けて事業再生計画案を策定し、第三者支援専門家の調査を経たうえで、事業再生計画案について全ての対象債権者からの同意を得ることで、返済猶予や債務減免等を受けることができます。

本ガイドラインは、一般社団法人全国銀行協会（全銀協）のホームページに掲載されています。

1. 再生型私的整理手続の適用対象

本ガイドラインを利用するためには、本ガイドラインにおける再生型私的

整理手続の適用対象となる中小企業者である必要があります。

　本ガイドラインにおける再生型私的整理手続では、以下３つの要件を全て充足する中小企業者に対して適用されます。

① 　収益力の低下、過剰債務等による財務内容の悪化、資金繰りの悪化等が生じることで経営困難な状況に陥っており、自助努力のみによる事業再生が困難であること。

② 　中小企業者が対象債権者に対して中小企業者の経営状況や財産状況に関する経営情報等を適時適切かつ誠実に開示していること。

③ 　中小企業者及び中小企業者の主たる債務を保証する保証人が反社会的勢力又はそれと関係のある者ではなく、そのおそれもないこと。

なお、「中小企業者」とは、中小企業基本法第２条第１項に定められている「中小企業者」（常時使用する従業員数が 300 人以下の医療法人を含む。）を指しますが、必ずしもそれだけに限らず、事業規模や従業員数などの実態に照らして適切と考えられる場合等に、本ガイドラインを準用することができます。

2.　再生型私的整理手続の流れ

(1)　手続利用開始

　中小企業者は、手続の利用に当たり、事業再生に精通した弁護士などの外部専門家と相談して、第三者支援専門家（弁護士、公認会計士等の専門家であって、再生型私的整理手続を遂行する適格性を有し、その適格認定を受けたもの）を選定します。第三者支援専門家については、中小企業活性化全国本部及び事業再生実務家協会が候補者リストを公表しています。

　中小企業者は、主要債権者に対して、再生型私的整理手続を検討している旨を申し出ます。その後、第三者支援専門家の選任を受けるために、主要債権者全員からの同意を得る手続を行います。この「主要債権者」とは、保全

の有無を問わず、金融債権額のシェアが最上位の対象債権者から順に、シェアの合計額が 50 ％以上に達するまで積み上げた際の、単独又は複数の対象債権者を指します。

選任された第三者支援専門家は、主要債権者の意向も踏まえて、再生支援を行うことが不相当ではないと判断した場合、中小企業者の資産負債及び損益の状況の調査検証や事業再生計画策定の支援等を開始します。

（2）　一時停止の要請

中小企業者は、資金繰りの安定化のため必要があるときは、対象債権者に対し、一時停止の要請を行うことができます。

対象債権者は、以下 3 つの要件を全て充足する場合は、一時停止の要請に誠実に対応するものとされています。

① 　一時停止の要請が書面により行われ、かつ、全ての対象債権者に同時に行われていること。

② 　中小企業者が、手続開始前から債務の弁済や経営状況・財務状況の開示に誠実に対応し、対象債権者との間で良好な取引関係が構築されていること。

③ 　事業再生計画案に債務減免等の要請が含まれる可能性のある場合は、再生の基本方針が対象債権者に示されていること。

（3）　事業再生計画案の立案

中小企業者は、外部専門家から支援を受け事業再生計画案を作成します。

本ガイドラインには、事業再生計画案に含むべき内容について規定がありますが、特に重要な項目は以下のとおりです。

① 　実態貸借対照表

② 　資金繰り計画

③ 　債務返済猶予や債務減免等の要請をする場合は、その内容

46 第2章 事業再生の法務

④ 実質的に債務超過である場合は、事業再生計画成立後に最初に到来する事業年度開始日から5年以内を目途に実質的な債務超過を解消する内容であること

⑤ 経常利益が赤字の場合は、事業再生計画成立後に最初に到来する事業年度開始日から概ね3年以内を目途に黒字に転換する内容であること

⑥ 事業再生計画の終了年度における有利子負債の対キャッシュフロー比率が概ね10倍以下となる内容であること

⑦ 経営者保証があるときは、保証人の資産等の開示と保証債務の整理方針を明らかにすること

⑧ 債務減免等を要請する場合には、破産手続で保障される清算価値よりも多くの回収を得られる見込みがある等、対象債権者にとって経済合理性があること

なお、小規模企業者が債務減免等の要請を含まない事業再生計画案を作成する場合は、次の⑨及び⑪、又は、⑩及び⑪の内容を含めることで、上記④ないし⑥の内容を含めないことができます。

⑨ 計画期間終了後の業況が良好であり、かつ、財務内容にも特段の問題がない状態等となる計画であること

⑩ 事業再生計画成立後2事業年度目から3事業年度継続して営業キャッシュフローがプラスになること

⑪ 小規模企業者が事業継続を行うことが、小規模企業者の経営者等の生活の確保において有益なものであること

(4) 事業再生計画案の調査報告

第三者支援専門家は、独立して公平な立場で、事業再生計画案の内容の相当性及び実行可能性等について調査し、調査報告書を作成の上、対象債権者に提出し報告をします。

(5) 債権者会議の開催と事業再生計画の成立

　中小企業者により事業再生計画案が作成された後、全ての対象債権者による債権者会議が開催されます。

　債権者会議では、対象債権者全員に対し、事業再生計画案を説明し、第三者支援専門家は事業再生計画案の調査結果を報告します。そして、質疑応答及び意見交換を行い、対象債権者が事業再生計画案に対する同意不同意の意見を表明する期限を定めます。

　対象債権者の意見表明の結果、全ての対象債権者が同意し、第三者支援専門家がその旨を文書等により確認した時点で、事業再生計画が成立します。その結果、対象債権者の権利は、事業再生計画の定めに従って変更されます。

　全ての対象債権者から同意を得ることができないことが明確になったときは、第三者支援専門家は、手続を終了させます。手続が終了したときは、一時停止について対象債権者は終了させることができます。

(6) 事業再生計画成立後のモニタリング

　外部専門家や主要債権者は、事業再生計画達成状況について、定期的にモニタリングを行います。主要債権者は、モニタリングの結果を踏まえて、中小企業者に事業再生計画達成に向けた助言を行います。

　また、モニタリング期間は、事業再生計画が成立してから概ね３事業年度を目途とされています。モニタリング期間が終了したときは、中小企業者の事業再生計画達成状況等を踏まえて、その後のモニタリングの要否を判断します。

　事業再生計画と達成状況の乖離が大きい場合、中小企業者及び主要債権者は、乖離の分析を行うこととなります。そのうえで、中小企業者及び主要債権者は、事業再生計画の変更や抜本再建、法的整理手続、廃業等への移行の検討を行います。

〈中小企業の事業再生等に関するガイドラインにおける再生型私的整理手続の流れ〉

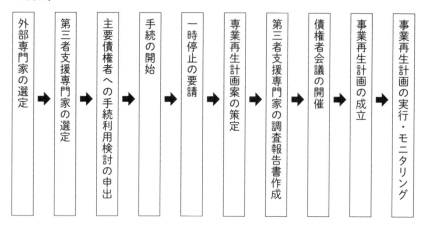

3. 保証債務の整理

　中小企業者の債務について保証人が保証債務の整理を図るときには、保証人は、誠実に資産開示をするとともに、経営者保証ガイドラインを活用して、主債務と保証債務の一体整理を図るよう努めなければなりません。

4. 本ガイドラインの再生型私的整理手続のメリットとデメリット

(1) メリット

　本ガイドラインと利用場面が類似する中小企業活性化協議会（以下「協議会」という。）では、協議会が関与するという手続上、一定のスケジュールに制約されますが、本ガイドラインではそのようなことはなく、スケジュールが柔軟であるというメリットが挙げられます。他にも、協議会は再生型の手続しかありませんが、本ガイドラインは廃業型の手続もあり、再生型から

廃業型への移行もできるというメリットもあります。

　また、同様に本ガイドラインと利用場面が類似する日本弁護士連合会が策定した特定調停スキームでは、第三者の調査が実施され報告書が交付されるわけではないため、第三者の報告書を債権者が求める場合に対応ができないことがあります。しかし、本ガイドラインでは、第三者支援専門家の調査報告書が作成されるため、債権者の同意は得られやすいというメリットがあります。

(2)　デメリット

　第三者支援専門家がいるものの、基本的には中小企業者と債権者が直接調整を行うことになるので、中小企業者と債権者間での調整が困難である場合では、円滑な進行が困難となるデメリットがあります。

（野口、深山）

50 第2章 事業再生の法務

Q11 中小企業版私的整理ガイドラインの手続（廃業移行手続）

Q 再生をめざして中小企業版私的整理ガイドラインを利用したいと思います。ただ、途中で再生を断念し廃業する場合の手続を教えてください。

A 中小企業版私的整理ガイドラインにおいて、再生型私的整理手続を行っていた途中で、再生を断念して廃業する場合、同ガイドラインの廃業型私的整理手続に移行することが可能です。この場合、債権者会議又は持ち回りにて主要債権者の全員からの同意を得たうえで、中小企業者及び外部専門家が、廃業型私的整理手続の途中（弁済計画案の策定等）から手続を行うことできます。

1. 中小企業版私的整理ガイドラインの廃業型私的整理手続について

中小企業版私的整理ガイドライン（中小企業の事業再生等に関するガイドライン第三部。以下「本ガイドライン」といいます。本ガイドラインの手続概要については【「中小企業版私的整理ガイドラインの手続（再生手続）」Q10参照。】）では、中小企業が廃業する場合にも利用することが可能です。

本ガイドラインの廃業型私的整理手続では、中小企業者が、外部専門家の

支援を受けて弁済計画案を策定し、第三者支援専門家による弁済計画案の調査報告を受けて、対象債権者の同意を得るという手続をとりますが、基本的には、本ガイドラインの再生型私的整理手続と同様の手続の流れになります。

もっとも、廃業型私的整理手続の場合は、事業を継続しないことを想定しているため、対象債権者にリース債権者が含まれること、第三者支援専門家を選定する時期については、弁済計画案の策定後になることなど、再生型私的整理手続と異なる点もあります。

2. 中小企業版私的整理ガイドラインの廃業型私的整理手続の流れ

(1) 支援の開始及び一時停止の要請

廃業型私的整理手続では、外部専門家とともに、主要債権者に廃業型私的整理手続の利用を検討している旨を申し出ます。その上で、主要債権者の意向を踏まえて、外部専門家は、中小企業者の資産負債及び損益の状況の調査検証や弁済計画策定の支援等を開始します。

中小企業者は、外部専門家の確認を経て、支援開始後、必要に応じて、主要債権者全員の同意を得たうえで、対象債権者に書面をもって一時停止の要請を行うことになります。一時停止の要請書面には、一時停止の内容（元金の返済猶予か、元利金の返済猶予か）、一時停止期間（原則3～6か月とされています）、差し控えを要請する行為（①要請時における与信残高の減少、②弁済請求・受領・相殺権を行使するなどの債務消滅に関する行為、③追加の物的人的担保の供与・担保権の実行・強制執行や仮差押・仮処分や法的倒産処理手続の申立て）を記載することになります。

（2）弁済計画案の策定

　一時停止の要請後、一時停止期間中に中小企業者、外部専門家、主要債権者が、協議・検討を重ねて、中小企業者が外部専門家の協力を得ながら弁済計画案を策定することになります。

　弁済計画案の内容としては、①一般的事項（企業の概要、財務状況、実態貸借対照表、清算貸借対照表）、②窮境に至る経緯、③資産の換価及び処分方針、④弁済計画（金融債務の弁済計画（債務免除等の内容））、⑤保証債務の整理（保証人の資産・負債、換価・処分方針、保証債務の弁済計画など。なお、実際には、経営者保証に関するガイドラインに従って、一体的に弁済計画等を策定することが多いように思います。）、⑥経済合理性（清算価値保障原則）、⑦地域経済への影響（破産手続を回避することによる取引先への影響を回避することなど）などを記載することになります。

　この点、弁済計画案では、債務免除を含む権利関係の調整が行われることが多いですが、この権利関係の調整は、対象債権者間で平等であることが原則とされています。

　また、清算価値保障原則に関連し、いわゆるゼロ円弁済となる弁済計画案（清算した場合に配当率がゼロとなる見込みである場合において、対象債権者への弁済もゼロとなるような計画案）であっても経済合理性がないとまではいえず、地元取引事業者への貸倒れを回避できるなど地域経済に与える影響などの事情を考慮することにより、弁済計画案の相当性が認められる場合もあると考えられています。

（3）第三者支援専門家の選定・調査報告書の作成

　弁済計画案の策定後、中小企業者は、主要債権者全員の同意を取得したうえで、第三者支援専門家を選定することになります（弁済計画案に債務免除を含む弁済計画案を策定する場合には、第三者支援専門家に弁護士を含めなければならないとされています。）。

第三者支援専門家は、中小企業者の策定した弁済計画案について、独立・公平な立場から内容の相当性及び実行可能性等を調査し、調査報告書を作成します（廃業型私的整理手続では、調査報告書の作成が必要とされています。）

(4) 債権者会議の開催・弁済計画の成立

中小企業者の弁済計画案の策定及び第三者支援専門家の調査報告書の作成後、原則としてすべての対象債権者による債権者会議を開催します。債権者会議では、弁済計画案の説明、調査報告書の説明、質疑応答及び意見交換が行われ、その後、対象債権者が弁済計画案に同意するか否かの意見を表明する期限が設定されることになります。

すべての対象債権者が弁済計画案に同意し、第三者支援専門家がその旨を文書等で確認した時点で弁済計画は成立することになります。これにより、中小企業者は、弁済計画に基づく弁済を履行する義務が生じ、対象債権者の権利は、弁済計画の定めによって変更され、対象債権者、債務免除等弁済計画の定めに従った処理をすることになります。

3. 再生型私的整理手続から廃業型私的整理手続へ移行する場合

再生型私的整理手続から廃業型私的整理手続に移行する場合は、廃業型私的整理手続を最初から進めるのではなく、必要に応じて途中から手続を進めることが望ましいこともあるので、債権者会議又は持ち回りにて主要債権者の全員からの同意を得たときは、中小企業者及び外部専門家は、廃業型の手続の途中（弁済計画案の策定等）から手続を行うことができ、また、必要に応じて、再生型の手続に関与した第三者支援専門家の支援を継続して得ることができるとされています。

廃業型私的整理手続へ移行した場合は、同手続の流れに従った手続を行うことになります。

〈中小企業の事業再生等に関するガイドラインにおける廃業型私的整理手続の流れ〉

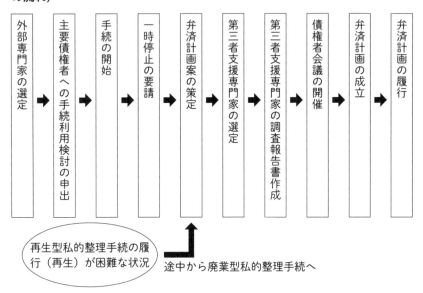

（野口、深山）

Q12 地域経済活性化支援機構の手続

Q 　地域経済活性化支援機構（REVIC）を活用した事業再生の方法とは、どのような方法でしょうか。また、その利用したときのメリットとデメリットを教えてください。

A 　地域経済活性化支援機構による支援は、株式会社地域経済活性化支援機構法によって設立された株式会社地域経済活性化支援機構によって行われる支援です。
　REVIC により資本金の出資、債権者から債権の買取りを行うなど強力な支援手法を実施してもらえる点がメリットですが、全ての中小企業が対象とされている訳ではなく、また手続に時間がかかる点がデメリットと言えます。

1. 地域経済活性化支援機構とは

　地域経済活性化支援機構による支援は、株式会社地域経済活性化支援機構（英文表記での頭文字をとった通称として「REVIC」と呼ばれています。）による中小企業再生支援であり、以前は、地域の中核となる中規模企業の再生支援を積極的に実施していましたが、2018 年 10 月以降、いったん再生支援事業を縮小し、主に廃業支援における経営者保証処理を中心に実施していま

した。しかし、2020年の新型コロナウイルス感染症の影響を受けた地域の中堅・中小企業の支援の必要性から、再生支援事業を継続しています。

事業再生支援業務は、金融債務調整を実施する債務整理業務のほか、地域自治体や金融機関が組成したファンドへの出資やその運営支援業務を行っています。なお、現在の地域経済活性化支援機構の業務内容につきましては、株式会社地域経済活性化支援機構のホームページを参照してください。

2. 事業再生支援業務

地域の中核となる企業を中心に過大な金融負債を抱えている中堅・中小企業に対して、経営の建て直し、事業再生計画の策定支援を行うほか、当該企業へ出資したり、金融債権の買取りを行う形で金融機関調整を実施しています。

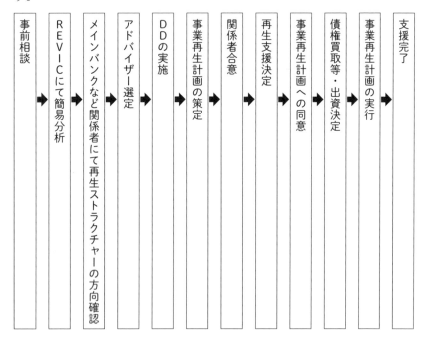

事前相談 → REVICにて簡易分析 → メインバンクなど関係者にて再生ストラクチャーの方向確認 → アドバイザー選定 → DDの実施 → 事業再生計画の策定 → 関係者合意 → 再生支援決定 → 事業再生計画への同意 → 債権買取等・出資決定 → 事業再生計画の実行 → 支援完了

3. 廃業支援（特定支援）を活用した事業再生

(1) 特定支援（再チャレンジ支援）

　地域経済活性化支援機構においては、事業を廃業する中で、過大な負債を処理し、さらに経営者において連帯保証を負っている場合の保証債務処理を行うことを支援しており、特定支援とか、再チャレンジ支援と呼んでいます。これは、経営者保証ガイドラインの運用がまだまだ一般的でないことから、金融負債が過大となっていて廃業においても金融負債が残ってしまう場合に、地域経済活性化支援機構において、廃業する企業の負債調整を実施するとともに、経営者の保証については経営者保証ガイドラインによって処理することで、経営者の今後の生活や経済活動支援を行うことを目的としています。

　したがって、従前の事業再生支援業務のように、会社の財産や事業の内容を調査し、再建計画を立案し、再建計画に対する金融機関の説得や調整作業を行うということはせず、単に廃業する過程での負債調整を行うものであり、債権者において信用保証協会が含まれていて、特定支援の枠組みでは制度上、債権（求償権）放棄が難しい場合には、負債調整を実施した後に、最終的に過大な負債を処理するために特別清算手続を実施するという対応がなされたりしています。

(2) 事業再生において特定支援を利用する場合

　地域経済活性化支援機構による特定支援は、前記のとおり廃業支援ではありますが、例えば、スポンサー支援を得られる企業において、当該スポンサーに対して全事業を譲渡し、その事業譲渡後の会社（事業停止してわずかな資産と金融負債が残っている会社）を私的整理において整理するために、利用することも可能であり、実際に利用されています。

　すなわち、自主再建策は講じることはできませんが、スポンサーに事業譲

渡するケースや、第二会社方式を実施する場合において、譲渡後の会社を整理する場面について支援を得ることができるため、事業再生の手法の一つとして利用される場合もあります。

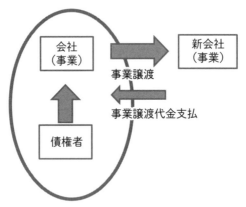

4. 地域経済活性化支援機構を利用した事業再生のメリットとデメリット

　地域経済活性化支援機構は、これまで事業再生支援を実施してきた実績から、金融機関における地域経済活性化支援機構の手続に対する信頼はかなり厚いため、この手続を利用した場合には金融債権者との調整を円滑に進めることができ、かつ、その費用も少額で利用できる点においては大きなメリットがあると思います。

　他方、手続が重厚なため、中小企業にとっては重たい手続となってしまい、時間や手続負担が過度に生じてしまう点がデメリットです。

(髙井)

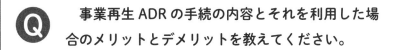

Q13 事業再生ADRの手続

Q 事業再生ADRの手続の内容とそれを利用した場合のメリットとデメリットを教えてください。

A 事業再生ADRは、上場企業など比較的大規模な企業の私的整理による再生を行う手続です。第三者による専門家の調査をしっかり実施し、その調査報告書が交付されることで、債権者たる金融機関においては再生計画やその再建手続を理解し、当否を判断しやすいことから、私的整理が成立する確率は高いといえます。

しかしながら、中小企業にとっては手続費用が高額な負担となってしまうことから、利用に適さない場合もあります。

1. 事業再生ADRとは

事業再生ADRは、裁判外紛争解決手続の利用の促進に関する法律及び産業競争力強化法によって、その手続の概要が定められています。これら法律の要件を充たした上で、事業再生ADRを実施する機関として法務大臣の認可を受け、かつ、経済産業大臣から認定された民間事業者たる一般社団法人事業再生実務家協会が主に中心となって実施していますので、手続を行う場合の申込みも事業再生実務家協会に対して行うことになります。事業再生実

務家協会における事業再生 ADR の内容については、事業再生実務家協会のホームページを参照してください。

　大規模な企業の再建策を講じることを目的としているため、第三者の専門家（弁護士、公認会計士）によってしっかりとした調査が実施され、その意見書が交付されるため、金融機関にとっては安心して手続を進めることができます。他方で、このような専門家による調査費用が高額となる傾向にあるため、他の私的整理手続と比べると手続費用が高額となります。

　なお、他の私的整理手続と同様に会社のみならず、その保証人の保証債務について一緒に経営者保証ガイドラインを適用して整理することができます。

2. 事業再生 ADR の手続の流れ

（1）　第 1 ステージ

　事業再生 ADR の申込みを行う前の事前相談が行われ、事前審査が実施されます。中小企業活性化協議会のような公的機関ではないため、事前相談段階において所定の審査料を支払うことになります。

　この段階において、当該会社の私的整理手続を担当する手続実施者が決められて審査を担当し、準備を行うことになります。正式申込みを実施して一時停止通知を出して以降のスケジュールには期間制限があるため、第 1 ステージにて一定の事前準備が行われることになります。

（2）　第 2 ステージ

　正式申込みがなされ、受理した場合、事業再生実務家協会と債務者の連名にて対象債権者に対して一時停止通知書が発送されます。これによって、対象債権者たる金融機関は、債権回収や担保権の設定、法的整理手続の申立てを控えることになります。

このような効力を有する通知ですので、一時停止の効力は、通知到達後から第1回会議が開催されるまでの原則2週間に限定されており、第1回会議において、一時停止が正式に決議されるまでの緊急的対応ということになります。

第1回会議では、会議議長や手続実施者の選定、債権者会議の日時や一時停止の内容と期間が決められ、手続が進行することが確認されます。事案によっては、このときに必要な新たな融資について、既存の貸付債権よりも優遇する取扱いとすること（いわゆるプレDIPファイナンス）の決議がなされ、その後に新規融資が実施されることになります。

第1回会議後、1か月半から2か月後に予定されている第2回会議までの期間において、専門家による資産評定、事業再生計画案の策定がなされ、手続実施者において調査報告書を作成することになります。

(3)　第3ステージ

第3回会議にて、協議された事業再生計画案について、対象債権者による決議が実施されます。対象債権者全員の同意が得られれば、計画は成立し、履行することになります。全員の同意を得られなければ、続行期日が開催されるか、反対債権者のみの調整として特定調停手続の利用などが実施され、全員同意への調整を行うことになります。

しかし、計画が最終的に成立しなかった場合には、法的整理に移行するものとされ、民事再生手続や会社更生手続の申立てを行うことになります。

なお、事業再生ADRから法的再生手続に移行した場合、プレDIPファイナンスについては、一定の要件の下で、法的再生手続において他の債権に比較して弁済条件において優遇する計画案を作成することができるものとされています（産業競争力強化法59、60）。実際にこの規定により、事業再生ADRが不成立となって短期間に、簡易再生手続によって、一般取引債権者を保護した内容にて再生計画が可決・認可された事案があります。

〈事業再生ADRの手続の流れ〉

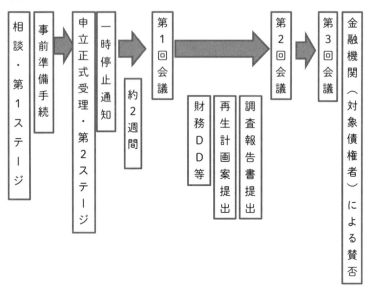

3. 事業再生ADRのメリットとデメリット

　事業再生ADRは専門家による調査がしっかりなされ、また手続期間も厳格に決められているため、手続として安定している点に最大のメリットがあります。他方で、中小企業や小規模事業者にとっては重厚すぎる手続と言えますので、その費用や作業負担としては、相当ではないことになります。

(髙井)

Q14 特定調停の手続

> **Q** 特定調停の手続の内容と、それを利用した場合の
> メリットとデメリットを教えてください。
>
> **A** 特定調停は、裁判所の調停手続を利用して、裁判官や調停
> 委員による仲介機能が利用しながら、債務者と債権者との間
> で、債権の弁済条件を協議する手続です。裁判所を利用する
> ため、費用は安価であることと、簡易裁判所は全国各地にあ
> るため利用しやすい手続でもあります。
>
> 他方、金融機関にはあまりなじみがなく、他の私的整理を
> 優先利用するよう求められる場合があります。

1. 特定調停とは

　裁判所の調停手続にて債務者と債権者が債権の弁済条件を協議する手続で
あり、裁判所にて実施されますが、債権者を強制する機能はなく、対象債権
者の全員の同意がないと成立しないため、私的整理に分類されます。

　通常の調停手続は、民事調停法によって規定されていますが、事業再生や
廃業の場面で利用されることから、債務者が多数の債権者との間で集団的に
解決する手続に即した内容とするため、特定調停法により手続の一部が規定
されています。この特定調停法によって、多数の債権者に便宜が良い裁判所

にて手続を実施することができ、また調停委員は事案の性質に応じて法律、税務、金融、企業の財務、資産の評価等に関して専門的な知識経験を有する者とされています（特定調停法8）。

　特定調停が申し立てられた後の調停期日では、バンクミーティング方式にて裁判官又は調停委員が議長のような役割にて、債務者が提案する再建案及びそれに基づく弁済条件について協議することになります。当事者全員の同意により調停が成立すれば、裁判所は調停条項を記載した調停調書を作成し、各自に配布することになり、この調停調書は判決と同一の効力を有するため（民事調停法16）、債務者が違反すれば、債権者により強制執行を行うことができることになります。

　なお、しばしば、裁判所案が作成され、債権者及び債務者宛に送付された後、2週間において当事者から異議が出されなければ、その内容にて解決されたものとされる手続（いわゆる17条決定。民事調停法17）が利用されています。債権者において、債務者提案の内容に積極的に賛成するための稟議をとることは難しいが、反対する意思もないような場合や、裁判所の仲裁的判断に当事者が任せるような場面において、有効に利用されています。

2. 特定調停の手続の流れ

（1）　日本弁護士連合会スキーム（日弁連スキーム）

　全国に設置されている簡易裁判所において、中小企業や小規模事業者の債務整理のために特定調停を利用するための弁護士向けの手引きを日本弁護士連合会が作成・公表しています。この手引きや書式については、日本弁護士連合会のホームページに掲載されていますので、参照してください。

　この日弁連スキームでは、特定調停手続において、できるだけ費用をかけず、簡単な手続にて早期に終結することをめざし、そのため申し立てる前の段階において、債務者代理人となる弁護士において十分に債権者調整を実施

し、また、税理士や公認会計士と連携して財務内容の調査を実施して、債権者に調査内容を開示するなどを行った上で、具体的な事業計画や弁済計画をもって申立てを行うものとしています。

そのため、調停においては費用と手続負担がかかる調査嘱託を行わず、裁判官や調停委員の調整にて、1、2回程度の調停期日で成立させるスケジュールを前提としています。もちろん、状況によっては3回以上の調停期日が必要であることもあるため、あくまで上記手続はモデル的な内容を示したものとなります。

〈特定調停手続の流れ（日弁連スキーム）〉

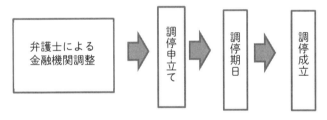

特定調停により会社の債務整理を行う場合、その保証人の保証債務処理が問題となりますが、経営者保証ガイドラインを利用して保証人の保証債務も会社の債務処理と同一手続で処理することもできます。また、会社は民事再生手続にて債務整理を行っているというような場合には、保証人の保証債務のみを特定調停手続にて経営者保証ガイドラインを用いて処理することも行われています。

(2) 地方裁判所による特定調停

日弁連スキームと異なり、中規模以上の企業の再建において、しっかりとした協議手続を実施する場合には、当事者の同意があれば地方裁判所において特定調停を実施することができます。実際に、東京地裁や大阪地裁などはその対応準備がなされているとされています。

地方裁判所における特定調停においては、簡易裁判所の特定調停と同じく調停委員の調整のみで対応する場合（調停委員型）と、特定調停手続にて、事業再生を専門とする弁護士や公認会計士に対して調査嘱託を行い、その専門家調査を経て、調査報告書をもって債権者が判断を行う場合（調査嘱託型）がありますが、後者の場合には、専門家の費用がかかるため、一定額の手続費用を裁判所に予納することになります。

3. 特定調停のメリットとデメリット

特定調停は基本的には債務免除を目的として利用される場面が多く、そのため、債務免除が再建のためには必要不可欠な企業の私的整理においては適していると言えます。中小企業が対象の場合には日弁連スキームを利用することで、迅速かつ費用をあまりかけずに対応することができるため、例えば、数か月後には資金ショートの危険があり、中小企業活性化協議会スキームでは時間がなくて対応できないような場合に、利用価値を大いに認めることができます。スポンサーが既にいて、早期に事業譲渡を実施したいというような場合に利用できます。さらに、法人でも個人でも利用できるため、会社とその保証人を一緒の手続にて処理することで円満な解決を実現することが可能となります。

他方で、金融機関にとっては、地域経済活性化支援機構や中小企業活性化協議会のようにその手続を行うスタッフが金融機関 OB であって話しやすいという状況にあるわけではなく、特に日弁連スキームでは、第三者の調査が実施されて報告書が交付されるわけではないため、裁判所の手続であるにもかかわらず、手続に対する信頼はまだまだ高くないのが実情です。よって、なかなか特定調停を利用することに賛成してくれないという場合もあります。

（高井）

Q15 法的整理手続の種類・特徴

Q 事業再生をするための法的手続には、どのような ものがあるのでしょうか。それぞれの手続の特徴 と、手続を選択する際の着眼点を教えてください。

A 主に事業再生に用いられる法的手続としては、民事再生手 続と会社更生手続があります。大規模企業でない限り、一般 的には民事再生手続が利用されています。

民事再生手続においては、原則として従前の経営陣がその まま経営を行うほか、担保権は手続に拘束されず、手続外で 実行することが可能です。他方で、現経営陣が引き続き経営 を行うことに対して債権者の反対が予想される場合や、事業 の継続に必要不可欠な財産に担保権が設定され、その実行が 不可避であると考えられる場合には、会社更生手続の利用を 検討することになります。

1. 法的整理手続の種類

　法的整理手続とは、裁判所の関与の下ですべての債権者を対象とする倒産 処理手続のことをいい、法的整理手続は、清算型の手続と再建型の手続に大 きく分けられます。なお、すべての債権者ではなく一部の債権者（例えば、

68 第2章 事業再生の法務

金融債権者）のみを対象とし、その全員の同意を得て行われる倒産処理手続のことを私的整理手続といいます（法的整理と私的整理の比較や私的整理の種類・特徴については、Q7・8参照）。

清算型の手続とは、会社の事業を廃止し、その有する全財産を換価して債権者に配当することで清算を行う手続のことをいいます。清算型の手続には、破産手続と特別清算手続があります。

破産手続は、清算が目的であり、事業再生自体を目的として用いられるものではありませんが、例外的に、事業再生の手段として利用される場合もあります（Q19参照）。また、特別清算手続は、純粋に会社を清算する場合のほか、私的整理手続にて事業を譲渡した後の清算の手段として利用されることも多く、私的整理における再建型手続の一環をなす手続ということができます（Q18参照）。

これに対し、再建型の手続とは、会社の事業を継続しながら、債権者への弁済を行い、会社又は事業の再建を図る手続のことをいいます。再建型の手続には、民事再生手続と会社更生手続があります。

本項では、事業再生を目的とする法的整理手続である、民事再生と会社更生の特徴等をご説明します。

2. 各手続の特徴

(1) 経営の主体

会社更生手続においては、管財人が選任され（会更法42①）、選任後は管財人が財産を管理しながら、事業を行うことになりますので（会更法72①）、従前の経営陣は経営から外れることになります。このように、管財人によって財産の管理や事業の遂行がなされる手続は、管理型の手続と呼ばれています。

これに対し、民事再生手続は、原則として管財人は選任されず、従前の経

営陣がそのまま経営を行うことになります（民再法 38 ①）。このように、現経営陣の経営権を維持したまま事業の再建を図る手続は、DIP（Debtor In Possession）型の手続と呼ばれています。

　現経営陣が引き続き経営を行う方が、円滑な事業継続を行うことができるという面はありますが、破綻の原因が現経営陣にある等、現経営陣がそのまま経営に関与することについて債権者の強い反対が予想される場合には、管理型の手続を検討することになります。

　もっとも、最近では、管理型の手続とされる会社更生手続でありながら、従前の経営陣の中から管財人が選任される DIP 型更生と呼ばれる更生手続がとられた例や、民事再生手続において管財人が選任される例も見受けられるところであり（民再法 64）、管理型手続と DIP 型手続の区別は流動的になっています。

（2）　担保権の取扱い

　民事再生手続においては、抵当権や質権といった担保権は、別除権として扱われ（民再法 53 ①）、手続外で行使することができます（民再法 53 ②）。これに対し、会社更生手続においては、担保権であっても更生手続開始後は実行が禁止され（会更法 47 ①、50 ①）、更生担保権として手続内で弁済を受けることができるにとどまります（会更法 47 ①、138 ②）。

　したがって、事業継続に不可欠な財産に担保権が設定されており、民事再生手続において用意されている担保権実行手続の中止命令（民再法 31）や担保権消滅請求の制度（民再法 148 以下）によっては、担保権の実行を回避することが困難であると考えられる場合には、会社更生手続が検討されることになります。なお、事業再生における担保権者の取扱いについては、Q31 を参照してください。

70　第2章　事業再生の法務

(3)　租税債権・労働債権の取扱い

　民事再生手続においては、手続開始前の租税債権・労働債権は一般優先債権（民再法122①）として随時弁済を受けることができるほか（民再法122②）、滞納処分や強制執行は禁止されていません（民再法39①）。

　他方、会社更生手続においては、共益債権（会更法129、130）となる部分を除いて優先的更生債権として扱われ、保全処分によって滞納処分や強制執行を禁止することが可能です（会更法24、25）。

(4)　組織再編行為の要否

　会社更生手続においては、更生計画に定めることで組織再編行為が可能であり（会更法167②、210①等）、株主総会決議や取締役会決議といった会社法上の手続は必要ありません。

　これに対し、民事再生手続において合併や会社分割等の組織再編を行う場合、原則として、株主総会決議といった会社法上の手続を履践する必要があります。もっとも、民事再生手続においても、事業譲渡や100％減増資によって事業の再生を図る場合には、一定の条件の下で株主総会決議を経ずに行うことが可能とされています（民再法42①、43①、166、166の2、154）。事業再生における組織再編手続については、Q26を参照してください。

(5)　計画認可までの期間、申立てに要する費用

　一般的に、申立てから認可決定までにかかる期間は、民事再生手続の方が会社更生手続よりも短く、民事再生手続ではよりスピーディーな事業再生が可能です（各手続のスケジュールについては、Q16、17参照）。

　また、民事再生手続では会社更生手続よりも申立ての際に必要となる予納金の額が低くなっており、東京地方裁判所での運用においては、民事再生手続の場合、申立ての際に必要となる予納金は200万円から1,300万円程度であるのに対し、会社更生手続の場合には、概ね2,000万円から5,000万円程

度の予納金が必要とされています。

3. 手続選択について

　事業再生を図るために法的整理手続を行わなければならない場合、民事再生か会社更生かの選択をすることになります。大規模企業でない限り、一般的には、手続にかかる期間が短く、また費用も安価な民事再生手続が選択されることが多いと思われますが、事業継続に不可欠な資産に担保が設定され、その調整が困難な場合や、金融機関等から現経営陣がそのまま経営に関与することについて反対がなされている場合などでは会社更生を検討することになります。

〈法的整理の種類〉

	清算型	再建型
管理型	破産	会社更生
DIP 型	特別清算	民事再生

〈**法的手続選択のフローチャート**〉

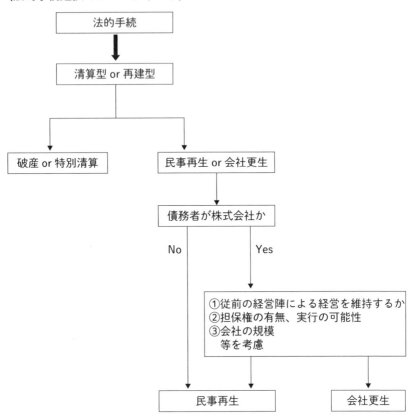

(柳澤)

Q16 民事再生の手続

Q 　民事再生手続による再建を考えているのですが、民事再生手続はどのような流れで行われるのでしょうか。

A 　民事再生手続は、一般的に、①再生手続開始の申立て、②保全措置・監督命令の発令、③再生手続開始決定、④債権調査手続、⑤財産評定手続、⑥再生計画案の提出・決議・認可、⑦再生計画の遂行、⑧再生手続の終結という流れで進行します。

1. 申立てから開始決定まで

(1) 申立て

　民事再生手続は、債務者又は債権者からの申立て（民再法21）によって開始します。申立てがされると、裁判所は、再生手続開始の原因（民再法21①）があるかどうかをチェックします。

　裁判所は、再生手続開始原因があると判断した場合には、さらに申立棄却事由（民再法25）があるかどうかをチェックし、申立棄却事由がないと判断されれば、再生手続開始決定が出されることになります。

(2) 保全処分の発令、監督委員の選任

後述のように、開始決定がされると、原則として債権者による個別の権利行使が禁止され、再生債務者から債権者に対する弁済が禁止されるのですが、申立てから開始決定が出されるまでにはタイムラグがあるため、その間に個別の権利行使が行われたり、債務者が特定の債権者に弁済する等の財産減少行為をするおそれがあります。

そこで、申立てが受理された場合には、裁判所により弁済禁止の保全処分（民再法30）等が発令されるのが通常です。また、実務上は、保全処分と併せて監督委員が選任されることになっており、再生債務者が財産の処分等の一定の行為をするには監督委員の同意が必要になります（民再法54①②）。

(3) 債権者説明会

民事再生手続を円滑に進めるためには、債権者の理解と協力が不可欠であるため、申立て直後に債権者説明会を開催し、申立てに至る経緯や今後の進行の見通し等について情報開示が行われることが通例となっています。

2. 開始決定から再生計画案提出まで

(1) 開始決定

東京地方裁判所の運用においては、申立てから1週間程度で再生手続開始決定が出されることになっています。他の裁判所では、申立てから再生手続開始決定までは1週間以上かかることが多いと思いますが、1か月以内では再生手続開始決定が発令されています。再生手続開始決定がされると、債権者は、その手続中は原則として再生計画によらなければ弁済を受けることができなくなり、抜け駆け的な債権回収が禁止されます（民再法85）。

開始決定がされても、従前の経営者は、そのまま経営を続けることができますが（民再法38①）、再生債務者は誠実・公平に業務を遂行する義務を債

権者に対して負い（民再法 38 ②）、一定の行為については監督委員の同意が
なければ行うことができないという制限が付きます。

（2） 債権調査、債権認否

　再生手続に参加しようとする再生債権者は、債権届出期間内に、各自の債
権について、裁判所に届け出ることになります（民再法 94 ①）。再生債権者
による届出がされると、再生債務者は、届出があった再生債権についての認
否書（再生債権として認めるか認めないかを記載したもの）を作成し、裁判
所に提出します（民再法 101）。また、届出をした再生債権者は、認否書に記
載された他の再生債権の内容等について異議を述べることができます（民再
法 102、103 ④）。

　再生債務者が認め、かつ、届出再生債権者による異議がなかった再生債権
については、その内容等は確定されることになります（民再法 104 ①）。他方
で、再生債務者が否認し、又は届出再生債権者による異議があった場合には、
訴訟等の再生債権査定手続によって再生債権の内容等を確定させることにな
ります（民再法 105）。

（3） 財産評定

　再生債務者は、再生手続開始後速やかに、再生債務者が有するすべての財
産の価額を評定しなければならず（民再法 124 ①）、これを財産評定と呼びま
す（民事再生手続における財産評定については、Q43 参照）。財産評定が完
了したときは、再生債務者は、財産目録と貸借対照表を作成し、裁判所に提
出するとともに（民再法 124 ②）、所定の事項を記載した報告書を作成して、
裁判所に提出します（民再法 125 ①）。

　なお、財産評定における評価は、再生手続開始時点における早期処分価額
を基準として行うとされており（民再規 56 ①）、これは、清算価値を把握し、
再生計画に基づく弁済額が破産による配当額を上回ること（清算価値保障原

76 第2章 事業再生の法務

則）を実現するためです。

(4) 再生計画案の策定・提出

再生債務者は、債権調査・認否や財産評定の結果をもとに、再生計画案を策定し、裁判所に提出します。

3. 再生計画案の提出から再生計画の認可まで

再生債務者から再生計画案が提出されると、監督委員が再生計画案の内容をチェックし、再生計画の履行可能性等の点について意見を述べます。

また、裁判所は、提出された再生計画案について、債権者集会における決議に付する旨の決定を行います（民再法 169 ①）。再生計画が可決されるためには、議決権者の過半数の同意と議決権者の議決権総額の 2 分の 1 以上の議決権を有する者の同意が必要です（民再法 172 の 3 ①）。

再生計画が可決されると、裁判所は、不認可事由がないかどうかを判断し、不認可事由がなければ、認可決定がされることになります（民再法 174）。他方、再生計画が否決された場合には、再生手続は廃止となり、破産手続に移行することになります。

4. 再生計画の遂行と再生手続の終結

再生計画認可決定が確定すると、再生債務者は、監督委員の監督の下で、再生計画に従って弁済を行う等、再生計画を遂行することになります（民再法 186）。そして、再生計画の履行が完了したとき、又は再生計画認可決定確定後 3 年を経過したときに、再生手続は終結します（民再法 188 ②）。

5. スポンサー支援型の場合

　自主再建ではなく、スポンサーに事業を譲渡して事業の再生を図る場合、再生計画に基づいて事業を譲渡することが可能ですが、早期にスポンサーへ事業を譲渡しなければ、事業価値が毀損・劣化してしまう場合には、再生計画案を提出する前の段階で、裁判所の許可を得た上で事業譲渡（計画外事業譲渡）を行うこともあります（詳細については、Q23 参照）。

〈民事再生手続標準スケジュール（東京地方裁判所）〉

手続	申立日からの日数
申立て・予納金納付	0 日
進行協議期日	0〜1 日
保全処分発令・監督委員選任	0〜1 日
（債務者主催の債権者説明会）	（0 日〜6 日）
第 1 回打合せ期日	1 週間
開始決定	1 週間
債権届出期限	1 月＋1 週間
財産評定書・報告書提出期限	2 月
計画案（草案）提出期限	2 月
第 2 回打合せ期日	2 月
認否書提出期限	2 月＋1 週間
一般調査期間	10 週〜11 週
計画案提出期限	3 月
第 3 回打合せ期日	3 月
監督委員意見書提出期限	3 月＋1 週間
債権者集会招集決定	3 月＋1 週間
書面投票期間	集会の 8 日前まで
債権者集会・認否決定	5 月

（柳澤）

Q17 会社更生の手続

> **Q** 大企業が倒産した際に、会社更生手続を申し立てたといった話を聞きますが、会社更生手続とはどのような手続なのでしょうか。
>
> **A** 再建型法的整理手続としては、民事再生手続と会社更生手続が挙げられますが、会社更生手続は大企業の株式会社に適用されることが多く、担保権者をはじめとした債権者をすべて会社更生手続のなかで処理することを可能とする手続となります。

1. 会社更生手続について

(1) 会社更生手続とは

　会社更生手続は、会社更生法に基づく再建型法的整理手続であり、窮境にある株式会社について、更生計画を策定し、これを遂行することによって、債権者、株主その他の利害関係人の利害を適切に調整しつつ事業の維持更生を図ることを可能とする手続です。民事再生手続も、民事再生法に基づく再建型法的整理手続ですが、適用対象、管理処分権の帰属主体、担保権や租税債権等の権利行使に対する制約などに差異がありますので、会社の状況を踏まえていずれの手続を利用するか検討することになります。

(2)　会社更生手続の特徴
①　適用対象

　民事再生手続は、適用対象に限定がなく、すべての法人及び自然人を対象とするものとされていますが、会社更生手続の適用対象は株式会社（有限会社も適用可）に限られています。日本航空（JAL）やウィルコム、武富士など、比較的大きな企業再建に利用されることが多いのですが、会社更生手続を利用する中小企業もありますので、その規模に制限があるわけではありません。

②　管理処分権

　民事再生手続においては、債務者は原則として手続開始後も事業を経営する権限（業務遂行権）や財産の管理及び処分をする権利（管理処分権）を失うことがないとされていますが、会社更生手続では、原則として会社の経営陣は手続開始後に業務遂行権や財産の管理処分権を失い（通常は辞任することになります。）、裁判所の選任した管財人によって手続が進むことになります。

③　担保権・租税債権

　民事再生手続においては、抵当権等の担保権を有する債権は別除権として、租税債権（国税、地方税、社会保険料等）や労働債権等の優先権のある債権は一般優先債権として、手続外での権利行使が可能です（手続開始後も抵当権の実行や、租税債権の滞納処分などの手続が行われてしまう可能性があります。）。

　これに対して、会社更生手続では、担保権を有する債権、租税債権等の優先権のある債権のいずれについても手続にとりこまれ、更生計画に従った弁済を受けることになっていますので、抵当権の実行も租税債権の滞納処分も行われることはありません。

④ 手続の厳格性

なお、民事再生手続と会社更生手続では計画案の可決要件に差があり（民事再生手続では出席者、議決権のそれぞれ2分の1以上、会社更生手続では債権によって2分の1から4分の3以上の可決要件があります。）、また計画案の認可後の裁判所の関与も異なるといった違いもあります（民事再生手続は履行中であっても3年で手続終結となりますが、会社更生手続は履行完了するか履行が確実であるといえるまでは手続が終結となりません。）。

2. 会社更生手続の流れ

会社更生手続は、(1) 申立て、(2) 保全措置、(3) 開始決定、(4) 債権届出、調査、確定、(5) 財産評定、(6) 更生計画案の提出、決議、認可、(7) 更生計画の遂行、(8) 更生手続の終結といった流れで手続が進みます。手続としましては、申立てから更生計画案の認可までだいたい1年程度のスケジュールとすることが一般的です（ちなみに民事再生手続では申立てから再生計画案の認可までだいたい6か月程度のスケジュールとされています。）。

それぞれの手続のあらましを説明します。

(1) 申立て

株式会社は、破産手続開始の原因となる事実が生ずるおそれがある場合又は弁済期にある債務の弁済によって事業の継続に著しい支障をきたすおそれがある場合には、更生手続開始の申立てをすることができるとされています（会更法17①）。この点、手続開始によって、会社の管理処分権は裁判所に選任された管財人に移行することが原則とされているため、株式会社の経営陣からの申立てのみならず債権者や株主からも申立てが可能とされています。

(2) 保全措置（保全管理命令・保全処分）

株式会社から更生手続開始の申立てがなされた場合、裁判所は、株式会社の業務遂行権や財産の管理処分権を保全管理人の専権とする保全管理命令を出すことが通例とされており、保全管理人において、会社の業務及び財産を把握するとともに、株式会社において更生手続を開始することが可能か否かの調査を行うことになります。

(3) 開始決定

保全管理人の調査を踏まえ、裁判所は、更生手続開始の原因となる事実が認められる場合には、更生手続開始決定を出します。裁判所は管財人を選任し（通常は保全管理人が管財人に選任されることになります。）、会社の業務遂行権及び財産管理権を掌握し、更生手続を進めることになります。この場合、会社の債権者（一般的な債権を更生債権といい、担保権を有する債権を更生担保権といいます。）への弁済は原則として禁止され（担保権の実行や租税債権の滞納処分などの手続も禁止されます。）、更生計画に基づく弁済が強制されることになります。

(4) 債権の届出、調査、確定

会社の債権者（更生債権者等）は、債権届出期間内に債権の届出をする必要があります（提出を怠ると債権が失権することになります。）。届出期間内に届出があった更生債権等につきましては、債権の有無、金額について、管財人が認めるか否認するかを調査し、認否書という形式で裁判所に提出することになります。

債権調査の結果、管財人が債権者の債権を認めれば債権額が確定することになりますが、否認された場合には、債権者は裁判所に査定の申立てを行い、さらに債権の存否などについて審理することになります。

（5） 財産評定

　管財人は、更生手続開始後、会社に属する一切の財産についての価値を時価評価して、更生手続開始時における貸借対照表及び財産目録を作成することになります（会更法83）。これを財産評定といい、会社の財産状態を把握することで、会社の債権者（更生債権者等）への弁済額を把握することになります。

（6） 更生計画案の提出・決議・認可

　管財人は、（4）、（5）の手続を経て会社の資産・負債を確定し、更生計画案を策定することになります。

　更生計画案では、一般的に、更生債権者（一般債権者）と更生担保権者（担保権を有する債権者）を別の組としてそれぞれ投票することで更生計画案の決議をします。この点、更生債権者の組では議決権額の2分の1以上の同意で可決されますが、更生担保権者の組では議決権額の3分の2（場合によっては4分の3）以上の同意を必要とすることもあります。

3. 会社更生手続の利用に当たっての留意点

　会社更生手続では、担保権の実行や租税債権の滞納処分の制限があり、申立てがなされれば、ほぼすべての債権者の権利行使がストップする強力な手続といえます。

　もっとも、申立てがなされれば、原則として裁判所から選任された管財人（保全期間中は保全管理人）が業務遂行権や財産の管理処分権を掌握することになりますので、会社の経営陣や株主が会社の経営に関与することはできなくなる可能性が高く、経営権を失うことの理解が必要となります（なお、例外として、DIP型更生手続として、一定の条件を充たせば、従前の取締役が管財人に選任される場合もあります。）。また、会社更生手続は裁判所から

〈会社更生手続の流れ〉

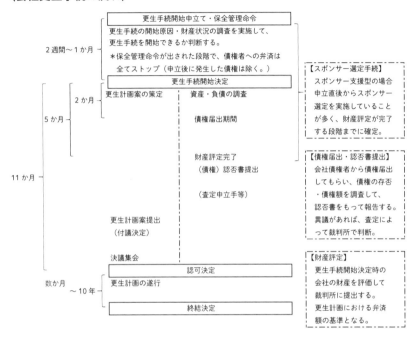

選任された管財人を中心として弁護士等の専門家が多数関与することになるため、裁判所に事前に納める予納金が高額になりますので（予納するべき金額が数千万円程度になることもあります。）、資金的に余裕のある段階での申立てが求められるといえます。

(野口)

Q18 第二会社方式による特別清算の手続

Q 当社は債務超過の状況にあるものの、現時点では事業自体は利益を出している状況にあります。ただ、このまま事業を継続しても、将来的には資金繰りに窮することになり破産などの法的整理をしなければならない可能性もあります。

今の段階で、当社の事業を息子に譲ろうと考えていますが、金融機関からの借入れなどの負債を息子に引き継がせないで事業を承継できる方法はありませんか。

A 会社の事業のうち、事業継続の見込みのある事業を、債権者の了解を得ながら、会社分割や事業譲渡といった手続により別の会社に承継・譲渡して、残された会社を債務整理することが考えられます。

債権者の了解を得て、現在の会社から別の会社に事業を承継・譲渡させた上で、現在の会社を債務整理する手法を「第二会社方式」といい、事業の承継・譲渡後に現在の会社を特別清算により債務整理することが可能です。

1.「第二会社方式」とは

　「第二会社方式」とは、会社の事業のうち、事業継続の見込みのある事業を、債権者の了解を得ながら、会社分割や事業譲渡といった手法を利用して、現在の法人（旧会社）から新しい法人（新会社・第二会社）に承継・譲渡することにより、抜本的に事業の再生を図るとともに、旧会社については、特別清算手続などにより清算を行い、その課程で、旧会社の負債を整理する手法をいいます。

　「第二会社方式」は、再建型の法的整理手続（民事再生手続・会社更生手続）を利用せずに、事業に必要な資産や契約関係、債権関係を新会社に承継することで事業価値の毀損を防ぎつつ、旧会社の負債を整理することが可能であることから、私的整理方法として活用されています。

〈第二会社方式における会社分割・事業譲渡と特別清算のイメージ〉

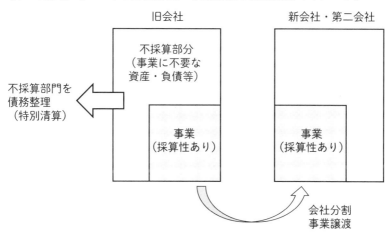

2. 「第二会社方式」のメリット・デメリット

　「第二会社方式」を利用する場合のメリットとしては、再建型の法的整理手続（民事再生手続・会社更生手続）を利用せずに事業を承継・譲渡した上で会社の債務整理を可能とすることが挙げられ、特に、会社の不採算部門（事業に不要な資産・負債等）を旧会社に残して、重くのしかかっていた金融機関からの負債をカットできることが挙げられます。また、金融機関としても、旧会社の負債について法的整理手続を利用せずに債務免除することは税務上難しいため、会社の不採算部門のみを特別清算手続を通じて債務免除することで損金処理が可能となり、税務上の問題を解決することができ、債務整理に協力しやすいということもいえます。

　もっとも、「第二会社方式」においては、新会社・第二会社に会社分割・事業譲渡といった手続を利用して事業を承継・譲渡する必要がありますが、事業といっても資産、負債、契約関係、取引関係などを承継・譲渡することになりますので、必ずしも容易に行えるものではなく、また、承継・譲渡に当たっては相応の費用が発生します。さらに、会社が有していた許認可が必ずしもそのまま新会社・第二会社に引き継がれるわけではないため（例えば建設業、不動産業、旅館業に関する許認可は新会社・第二会社の業態などに応じて取得が必要となることがあります。）、許認可の再取得を検討しなければならないというデメリットもありますので、その点をどのように解決するか事前に検討が必要となります（事業譲渡・会社分割については、Q27参照）。

　なお、「第二会社方式」を利用する場合には、当然のことですが債権者の了解を得ながら進めることが必要です。債権者の了解なく、事業を承継・譲渡した上で、旧会社について特別清算手続を進めようとしたとしても、事業の承継・譲渡が適切に行われなかったとして（事業価値が適正に評価されなかったとして）、債権者から詐害行為取消権を主張され事業の承継・譲渡が

取り消され、また、特別清算手続で債権者から同意を得られないということもありますので、注意が必要です。

3. 特別清算の実施

「第二会社方式」により会社の事業を新会社・第二会社に承継・譲渡した後、旧会社には承継・譲渡の対象とならなかった資産・負債等が残されていますので、これらの資産・負債を整理・清算する手続が必要となります。

この点、旧会社を法的に整理する方法としては破産手続が挙げられますが、「破産」というイメージもありますし、裁判所から破産管財人が選任され手続が厳格に行われることから、旧会社の債権者から一定の協力が得られるのであれば、会社法に定められている清算手続である特別清算手続により簡易・迅速に清算することを検討することになります。

〈特別清算手続の流れ（協定型）〉

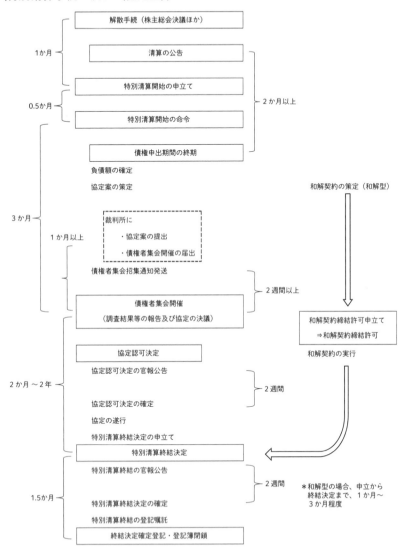

出所：山口和男編「特別清算の理論と裁判実務［新会社法対応］」（新日本法規出版）

特別清算手続（協定型・和解型）の流れとしては、以上のとおりとなります。

特別清算手続は協定型と和解型があり、協定型は清算に当たっての協定案を作成し、債権者の特別多数（3分の2以上）の同意をもって清算方法を決議する手続であり、和解型は債権者全員と和解契約の締結をし（裁判所の許可を前提）、清算方法を合意する手続となります。債権者との同意状況によって手続方法を決めることになります。

手続としては、旧会社を解散し（解散登記・債権者への公告）、清算人が資産・債務の状況を調査し特別清算手続を申し立て、債権者と清算方法について協議した上で、和解（債権者全員の同意）又は協定（債権者の債権額の3分の2以上での同意）をもって清算を完了させることになります。

第二会社方式による特別清算手続を実施することを検討するに当たっては、債権者の少なくとも3分の2以上の協力が必要となりますので、事業譲渡・会社分割の手続の実施前から、基本的な方針について債権者と協議の上内諾を取っておくことが手続を進める上で必要となります。

（野口）

90 第2章 事業再生の法務

Q19 破産手続申立前・破産手続申立後における事業譲渡の手続

Q 　当社は、民事再生手続を利用することは難しく破産手続の申立てを検討しています。また、並行して、会社の事業を譲渡できないか検討しています。事業譲渡の手続をした上で破産手続の申立てをする場合、どのように手続を進めればよいでしょうか。また、事業譲渡の手続が間に合わず、破産手続の申立てをせざるを得ない場合、破産手続申立後でも事業譲渡はできるのでしょうか。

A 　破産手続の申立前の事業譲渡手続については、破産手続において事業譲渡価格の相当性が問題となり、場合によっては否認権行使の対象となるリスクがありますので、事業譲渡価格について慎重に検討する必要があります。
　また、破産手続申立後であっても、一定の要件のもとで事業譲渡手続を行うことは可能です。

1. 破産手続申立前の事業譲渡の手続

（事業譲渡手続の詳細は Q27「事業譲渡の手続・会社分割の手続」参照）

　事業譲渡手続を行うに当たっては、まず、事業譲渡の内容を、譲渡会社、

譲受人間で協議した上で事業譲渡契約書を作成・締結することが必要となります。

事業譲渡契約書には、譲渡事業の範囲、譲渡金額、譲渡の効力発生日などの必要事項を記載することになりますが、破産手続申立前においては、特に、譲渡金額が相当であるか注意が必要です。この点、事業譲渡金額の協議に当たっては、譲渡会社は譲渡代金（譲渡事業の対価）をできるだけ高く希望し、譲受人はできるだけ低く希望することになりますが、破産手続の直前における事業譲渡手続の場合、譲受人が引き受けなければ事業を含めてすべてが破産手続の対象となってしまうことから、譲渡会社は多少金額が低くても譲渡してしまう傾向にあるといえます。

しかしながら、破産手続においては、破産者の責任財産（会社の財産全体）は債権者に平等に配分されるべきであることから、破産者の財産を廉価売却などで減少させる行為や（破産法 160 ①）、譲渡代金が相当であっても破産者の財産が現金化されて費消・隠匿されることがあれば（破産法 161 ①）、破産手続において破産者の財産を管理する破産管財人から否認権を行使され、事業譲渡により移転された資産等が原状復帰させられることもあります。

そのため、破産手続を予定している場合において、事業譲渡手続を行うためには、①譲渡金額が相当であるか、②譲渡金額を会社が取得した後、破産手続において譲渡金額を債権者に配当される原資として費消しないように確保できるかについて、慎重な対応が必要となります。

2. 破産手続申立後の事業譲渡の手続

(1) 破産手続について

破産手続とは、裁判所が破産手続の開始を決定し、破産管財人を選任して、その破産管財人が債務者の財産を金銭に換えて債権者に配当する手続であり、通常は、破産手続開始の決定時点の債務者のすべての財産を金銭に換

えた上で配当することになります。

　裁判所から選任された破産管財人は、債務者の資産や債権債務関係の一切を管理し、換価・処分する権限を有しており、①債務者の財産状況を調査し、②債務者の資産等を換価・処分し、③債権者の債権の有無・債権額を調査し、④債権者へ配当する、という流れで破産管財人が手続を進めます。

〈破産手続の流れと事業譲渡〉

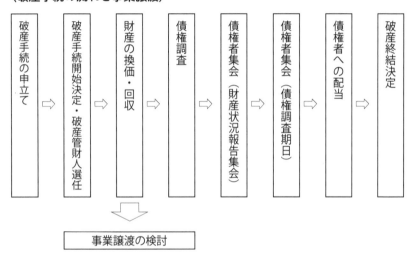

(2)　破産手続における事業譲渡の手続について
ア　破産手続における事業の継続
　破産手続は清算型の法的整理手続ですので、破産手続の開始により債務者の事業は廃止されるのが原則です。
　もっとも、破産管財人は、①債務者の資産（破産手続ではこれを破産財団といいます。）の増殖が見込まれる場合（例えば、仕掛品や材料等があり仕事を完成させることで一定の売上を見込め、他方で、そのまま仕掛品や材料を処分すれば低廉で処分するしかないような場合）や、②社会的影響を考慮

して営業を継続する必要があると判断する場合（例えば、入院患者が多数いる病院や入所者が多数いる老人ホーム、生徒が在籍している学校、多数の予約が入っているホテルなど、事業を引き継ぐ必要があるような場合）には、裁判所の許可を得て、債務者の事業を継続することができるとされています（破産法 36）。

　この点、事業を継続する場合には、当然のことながら、人材を確保して事業の運営が可能であること、破産財団の負担を引き受けられること（従業員の給与や追加仕入れなどを負担する余力があること（調達することができること））が必要となります。また、破産手続は清算型の法的整理手続ですので、長期間事業を継続することは予定しておらず、事業譲渡等の手続により最終的な清算を目指すことになります。

イ　破産手続における事業譲渡の手続

　破産管財人は、債務者の事業の譲受人が早期に現れた場合や事業の譲受人の選定手続を行うことで相当の譲渡価格で事業譲渡できることが見込まれる場合には、債権者の配当原資が増殖し、債権者の利益に合致するかを検討した上で、裁判所の許可を得て事業譲渡することが可能です（破産法 78 ②三）。

　この点、上記アのとおり、事業譲渡のために事業継続しなければならないことも想定され、取引にかかる費用や人件費などの負担をまかなう必要も出てきますので、早期に事業譲渡できることが求められます。

　破産手続が開始された段階で、債務者の事業の譲受けを検討する場合においては、早期に破産管財人に連絡して、債務者の事業の譲受けの意向を示すとともに、破産管財人と債務者の事業譲渡の方針について協議を進めることになります。

（野口）

Q20 自力再建型再生スキームの手続（私的整理の場合）

私的整理の場合における自力再建型再生スキームの手続とはどのようなものでしょうか。

　私的整理にはいくつかの手続がありますが、各手続では、債務整理の協議を必要とする債権者の範囲を任意に決め（通常は金融債権者ということになります。）、対象となる債権者全員の同意を得て、再生計画案のなかで債務整理の方法（リスケジュール、債権放棄、債権の劣後化（DDS）、債権の株式化（DES）、第二会社方式による事実上の債権放棄）や弁済計画を定めることになります。
　自力再建型再生スキームの手続とは、会社の経営主体（経営者・株主）に実質的な変更がなく、自助努力によって事業再生を行うスキームのことをいい、基本的には事業収益を弁済原資として対象債権者への弁済を内容とする再生計画案を策定することになりますが、債務整理の方法や弁済計画について対象となる債権者の同意を得る必要があるといえます。

1. 自力再建型再生スキームとは

　私的整理における事業再生スキームとしては、「自力再建型」と「スポン

サー型」に分けられ、自力再建型は、窮境に陥った会社の経営主体（経営者・株主）に実質的な変更がなく、自助努力によって事業再生を行うスキームであり、スポンサー型は、窮境に陥った会社の経営主体（経営者・株主）の実質的変更が求められ、新たな経営主体による金融支援・事業支援により事業再生を行うスキームといえます。

2. 私的整理における自力再生型再生スキームの手続について

　私的整理にはいくつかの手続がありますが（詳細は、Q8 ～ Q14 を参照）、各手続では、債務整理の協議を必要とする債権者の範囲を任意に決め（通常は金融債権者ということになります。）、対象債権者との間で、バンクミーティングなどの債権者集会を開催し再生計画案の策定を進めていくことになります。各手続では、一般的には、(1) 私的整理の開始、(2) デュー・ディリジェンス（DD）、(3) 再生計画案（事業計画、弁済計画、債務整理計画）の策定、(4) 対象債権者への再生計画案の提示、説明、交渉、(5) 対象債権者の再生計画案への同意、(6) 対象債権者によるモニタリングが行われます。

　自力再建型再生スキームの場合、会社の経営主体（経営者・株主）に実質的な変更がなく、自助努力によって事業再生を行うスキームになりますので、事業収益を弁済原資として対象債権者への弁済を内容とする再生計画案を策定することが一般的といえます。

　これに対して、対象債権者は、清算した場合よりも返済額が多くなることを前提として（清算価値保障原則）、実際に事業収益をもとに弁済が受けられるかどうかを検証するための事業計画を策定することを求めます。そこで、会社は、実行性ある事業計画を公認会計士等の専門家の協力を得て作成し、債権者に説明するための資料を用意し、また、担保権が設定されている不動産があれば、不動産鑑定を取得して、その評価額につき収益により分割

して支払うことで担保解除がなされることを求めていきます。

　この点、再生計画案に記載される債務整理の方法として、リスケジュール、債権放棄、債権の劣後化（DDS）、債権の株式化（DES）、第二会社方式による事実上の債権放棄といった手続が考えられますが、対象債権者は、受けられる弁済額がどのようになり、当該弁済額が経済合理的なものであるかを検証した上で、再生計画案に同意するかを検討しますので、これらの検討資料に基づき、対象債権者に十分な説明を行う必要があります。

3.　自力再建型再生スキームにおける再生計画案について

　自力再建型による私的整理の場合、リスケジュールを行う、あるいは債権放棄を伴う金融支援を受けた上で、会社の事業の収益を弁済原資とした収益弁済計画となることが一般的といえます。もっとも、債権放棄における税務上の必要性や経営者・株主責任の明確化の観点から、対象債権者（金融債権者）から直接的に債権放棄を受けることは容易ではないといわれていますので、私的整理において債権放棄が必要であるとする場合、自力再建型再生スキームでの手続をとれない可能性もあります。

　このような場合、いわゆる「第二会社方式」のスキームを利用して、会社の事業を会社分割・事業譲渡により親族等の新会社・第二会社に引き継ぎ、会社自体は特別清算手続により実質的な債権カットを受ける場合もあり、実質的に経営者一族による事業承継を検討することが考えられます（第二会社方式については、「第二会社方式による特別清算の手続」Q18参照）。

4.　自力再建型再生スキームを利用できる場合

　一般的に自力再建型再生スキームを利用できる場合としては、①経営者に引き続き経営を行う意欲・能力があること（又は親族等の引受け手があるこ

と）、②会社に一定の事業価値・資金的余裕があること、③窮境原因に関する経営者の責任を検討した上でなお経営権の維持に一定の経済的合理性があることが挙げられます。

　自力再建である以上、経営者が事業を継続する意欲・能力があること、あるいは親族等が事業を承継した上で前経営者により一定期間のサポートがなされることが事業継続に必要とされます（①について）。会社の事業を維持するためには、現経営者の技術力や営業力、人脈が必要とされることが多々ありますので、現経営者の関与について債権者に説明することは可能といえます。また、自力再建にあたっては、会社の事業価値がなければ、再建を図ることは困難であるといえます（②について）。この点、私的整理では、再建計画について対象となる債権者全員の同意を得ることが必要となりますので、その前提として、経営者が継続して事業を遂行することについても債権者から同意を得る必要があります（③について）。もっとも、会社の窮境原因が経営者にある場合であっても、経営者が経営を継続しなければ法的整理手続による清算しかなく、その場合における債権者への弁済よりも、経営者が経営を継続する方が経済的に合理的である場合もありますので、その点について債権者に説明をしていくことになります。

　なお、第三者から資金的援助を受けなければならない場合においては、第三者が会社の株式取得を求めたり、減増資によって会社支配することを求めたりすることがありますので、その場合には自力再建型による再生ではなく、スポンサー型による再生ということになります。また、経営者に重大な不祥事等がある場合（例えば、会社財産の私的流用や多額の粉飾決算など）には、もはや自力再建について債権者からの理解が得られない可能性が高く、自主再建は難しいと思われます。

98   第2章　事業再生の法務

〈自力再建型再生スキームとスポンサー型再生スキームの相違点〉

	法人格	経営陣	ガバナンス	設備投資資金	早期終結
自力再建型	同一法人又は第二会社	同一（親族）内部昇格	新経営陣、従業員、取引先	△	×
スポンサー型	同一法人又は別法人	スポンサー派遣あり	スポンサー	○	○

（野口）

Q21 自力再建型再生スキームの手続（法的整理の場合）

Q 法的手続の場合における自力再建型再生スキームの手続とはどのようなものでしょうか。

A 　自力再建型再生スキームの手続とは、私的整理の場合と同様、会社の経営主体（経営者・株主）に実質的な変更がなく、自助努力によって事業再生を行うスキームのことをいい、基本的には事業収益を弁済原資として債権者への弁済を内容とする再建計画案を策定することになります。

　法的手続の場合、会社の既存の債権者（金融機関のみならず、従業員、取引先等の債権）を対象とし、会社の清算価値以上の弁済を債権者に約束することを前提に、債権者の一定の同意が得られれば、再建計画が成立することになり、債権者からの債務免除も税法上の問題は生じないため比較的容易に受けられます。もっとも、法的手続の場合、手続開始決定までに生じた債権について、原則として一律に弁済が禁止されることになりますので、信用不安が生じるなどして会社の事業価値が毀損し、事業の収益力が低下する結果、自力再建型再生スキームを進めることが困難となる場合がありえますので、会社の事業収益を確保できるかを慎重に検討する必要があります。

1. 自力再建型再生スキームとは

再建型法的整理手続（民事再生手続・会社更生手続）を利用した場合、再建計画案（再生計画案・更生計画案）が認可されれば、債権者の債権額が大幅にカットされ、再建計画に定められた弁済額を弁済することで、会社の再建を果たすことが可能となります。

自力再建型再生スキームでは、再建計画案において定める弁済額総額（債権カット後の弁済額）を、スポンサー等の支援を受けずに、会社の事業収益や会社資産の売却等により自力で弁済することを内容として計画案を立案することになります。

自力再建型再生スキームを利用することで、特に民事再生手続により手続を進めることになれば、経営者がそのまま経営を継続し、再建計画（再生計画）を遂行し、最終的に会社の再建を果たすことも可能となります（会社更生手続においては経営者の交代を求められるケースが一般的です。詳細は「会社更生の手続」Q17 参照）。

2. 自力再建型再生スキームが利用できる場合

再建型法的整理手続（民事再生手続・会社更生手続）において策定する再建計画案（再生計画案・更生計画案）では、債権者の債権額を大幅にカットする弁済計画を内容とするものが通常ですが、債権額のカット率（逆に言えば債権の弁済率）については、会社が清算型の法的整理（破産手続）をした場合よりも債権者に弁済しなければならないという制限があります（これを「清算価値保障原則」といいます。）。清算型の法的整理よりも債権者にとって回収が多くなるので、再建計画に同意してもらうということになります。

そうすると、自力再建型で再建計画案を作成するに当たっては、清算型の法的整理において弁済できる弁済額以上の弁済原資を、会社の事業収益でま

かなうことが可能であるかを検討する必要があります。

　この点、会社が弁済原資に充てられる資金について、会社の単年度の営業利益＋減価償却費（EBITDA）を積み上げて何年間で弁済原資をまかなえるかを検討するのが一般的です。もっとも、再建計画における弁済期間にも制限が設けられていること（民事再生手続では10年、会社更生手続では15年）、債権者としても長期間の弁済に同意しない（あるいは金利相当分の上乗せを求める。）こともあり得ますので、その点を留意して検討する必要があります。そのようにして策定した事業計画について、資料をもって特に大口債権者に説明し、また民事再生手続においては監督委員に対し、会社更生手続においては裁判所に対して説明することになります。

　さらに、自力再建型において注意が必要であることは、資金繰りを確保しながら事業を継続し、債権者に対して収益の一部を毎年弁済していくことになるため、資金繰りが続くことが最優先事項となります。その点に注意しながら、弁済計画を立てることになります。

　また、法的手続の場合、手続開始決定までに生じた債権について、原則として一律に弁済が禁止されることになりますので、信用不安が生じるなどして会社の事業価値が毀損し、事業の収益力が低下することがありますので、自力再建型スキームを策定するに当たって、収益性を確保する方策などを検討する必要があります。

　その上で、会社の事業をもって弁済原資をまかなえ、再建計画が立案できるのであれば、自力再建型スキームを利用することが可能といえます。

〈自力再建型における弁済額の検討〉

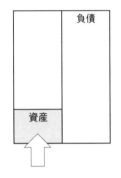

＊再建型法的整理手続では、清算価値以上の弁済原資が必要

　なお、会社の事業をもって弁済原資をまかなえない場合には、スポンサーによる資金的援助を受ける必要がありますので、自力再建型再生スキームを利用することは難しいと言わざるを得ません。また、債権者からの同意が必要ですので、債権者の同意が得られない可能性がある場合には（経営者の不祥事を含めた経営責任・株主責任が問題になる場合。もっとも、この場合には会社の信用力が大幅に低下し、清算価値保障原則を満たす弁済原資を事業から生み出すことが困難になっている可能性はあります。）、スポンサーの支援による会社の事業への信用補完が必要と考えられます。

（野口）

Q22 スポンサー支援型スキームの手続（私的整理の場合）

Q 私的整理の場合におけるスポンサー支援型スキームの手続とはどのようなものでしょうか。

A スポンサー支援型スキームの手続とは、窮境に陥った会社の経営主体（経営者・株主）の実質的変更が求められ、新たな経営主体による金融支援・事業支援により事業再生を行うスキームのことをいいます。スポンサーの支援により、新たな経営主体の信用力が得られ、また、資金援助や事業リストラなどにより、事業価値を向上させることや、会社分割・事業譲渡等の手法により（スポンサーが事業価値の対価を会社に支払うことになります。）、事業価値相当額についての一括弁済による早期回収を実現することができます。

　私的整理の場合、対象となる債権者（通常は金融債権者ということになります。）の同意のもと、再生計画案が策定されることになりますが、スポンサーの支援があるとしても、対象となる債権者の債権（債務）のすべての弁済資金を支援することはなく、債務整理の方法（債権放棄等）を検討する必要があり、通常の場合は、第二会社方式により、対象となる債権者の債権放棄を受けることになります。

1. スポンサー支援型スキームとは

　私的整理における事業再生スキームとしては、「自力再建型」と「スポンサー型」に分けられ、スポンサー型は、窮境に陥った会社の経営主体（経営者・株主）の実質的変更が求められ、新たな経営主体による金融支援・事業支援により事業再生を行うスキームのことをいいます。

　スポンサー型による私的整理計画の内容としては、支援事業の将来的な収益を弁済原資とした収益弁済計画の場合もありますが、会社分割・事業譲渡等を行うことにより、事業価値相当額を一括して金融機関等の債権者に弁済する一括弁済型の計画となることが一般的です（自力再建型との違い・選択基準については「自力再建型再生スキームの手続」Q20参照）。

〈スポンサー支援型スキーム〉

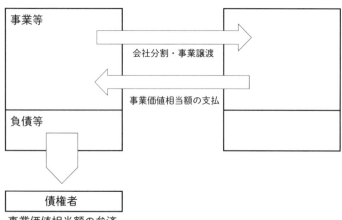

＊特別清算等の手続を利用することもある。

2. スポンサー支援型スキームを利用できる場合

　一般的にスポンサー支援型スキームを利用できる場合とは、①自力再建型の再建スキーム（再建計画案）の策定が困難な場合であり、②経営者がスポンサー型スキームを容認しており、③私的整理のスケジュールにおいてスポンサーを選定できることが必要になるといえます。

　経営者としては、まずは自力再建を前提とした再建スキーム（再建計画案）を策定することを検討しますが、会社の事業規模や収益性などから十分な収益を生み出せず収益弁済計画が策定できない場合や、金融機関が経営者・株主の責任を明らかにしなければ債権放棄を内容とする再建計画を認めない場合などには、スポンサー支援型スキームを検討することになります。

　スポンサー支援型スキームの場合、スポンサーの意向によっては、経営者が事業に関与できない場合が生じ得ますが、経営者が会社の事業を失うことに対して抵抗することもありますので（スポンサー支援を受けるくらいなら法的整理をする、自分で清算するなど）、経営者がスポンサー支援型スキームを十分に理解する必要があります。その上で、会社の事業内容、規模、資金力や時間的制約の中でスポンサーを選定することになりますが、必ずしもスポンサーが複数現れるわけではありませんので、フィナンシャル・アドバイザー（FA）などを利用したり、経営者の人脈、金融機関の紹介を受けたりして、スポンサーを選定することになります。

　なお、事業価値が経営者の人脈やノウハウ、営業力にあり、スポンサーが経営者を排斥するような場合には、かえって事業価値が低廉となり、自主再建型による事業価値の評価の方が高くなることも考えられます。このような場合には、スポンサー支援が難しいこともあるので、自力再建型の私的整理（あるいは法的整理手続）によらざるを得ません。

（野口）

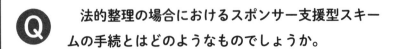

Q23 スポンサー支援型スキームの手続（法的整理の場合）

Q 法的整理の場合におけるスポンサー支援型スキームの手続とはどのようなものでしょうか。

A スポンサー支援型スキームの手続とは、窮境に陥った会社の経営主体（経営者・株主）の実質的変更が求められ、新たな経営主体による金融支援・事業支援により事業再生を行うスキームのことをいいます。

再建型の法的整理手続を利用する場合には、債権者への弁済額総額（債権カット後の弁済額）が、清算型の法的整理手続（破産手続）における配当額を超える必要があるとされていますので、自力再建型での再建計画が立案できない場合には、スポンサーの支援を受ける必要があるといえます。また、会社の事業の信用力が毀損するおそれがある場合などは、早期にスポンサーの支援を受けることが信用補完による事業劣化を防止する上で必要になる場合もあります。

1. スポンサー支援型スキームとは

再建型法的整理手続（民事再生手続・会社更生手続）におけるスポンサー支援型スキームは、手続において策定される再建計画案（再生計画案・更生

計画案）における弁済原資や会社に必要となる事業資金についてスポンサーが支援を行うとともに、会社の経営主体（経営者・株主）の実質的変更により新たな経営主体により事業再生を行うスキームをいいます。

2. スポンサー支援型スキームの利用について

再建型法的整理手続（民事再生手続・会社更生手続）を利用した場合、再建計画案（再生計画案・更生計画案）が認可されれば、債権者の債権額が大幅にカットされ、再建計画に定められた弁済額を弁済することで、会社の再建を果たすことが可能となります。

この点、再建計画においては、債権者の債権額を大幅にカットする内容の弁済計画を内容とするものが通常ですが、債権額のカット率（逆に言えば債権の弁済率）については、会社が清算型の法的整理（破産手続）をした場合よりも債権者に弁済しなければならないという制限があります（これを「清算価値保障原則」といいます。）。そこで、会社の事業収益をもって債権者への弁済額総額をまかなえればよいのですが、そもそも事業収益をもって弁済額総額をまかなえない場合もあれば、法的整理手続を使用したことで信用不安や事業毀損が生じてしまい、会社のみで事業を回復させることができない場合もあります。

そのような場合には、債権者への弁済額総額をまかない、また、会社の事業の信用を補完し、事業毀損を回復させるために、スポンサーによる支援が必要となります。

3. スポンサーの法的整理手続への関与

（1） スポンサー選定手続

再建型法的整理手続（民事再生手続・会社更生手続）においてスポンサー

支援型スキームを利用する場合には、スポンサーの選定手続が取られることが一般的です（スポンサー選定手続については、「スポンサー選定手続」Q24 参照）。

　もっとも、民事再生手続の申立段階で、既にスポンサーが選定されており、申立てと同時にスポンサーに就任し、支援表明を行ったり、資金的支援を行ったりして（DIP ファイナンス。詳細については「DIP ファイナンス」Q28 参照）、信用を補完する場合もあります（「プレパッケージ型」と呼ばれています。）。この場合、スポンサー選定手続は省略されることになります。

(2)　スポンサーの支援スキーム

　スポンサーが選定された場合、スポンサーとの間でスポンサー契約を締結し、支援スキーム・内容、支援金額、支援条件、クロージング（支援の実行の完了）等を合意することになります。

　支援スキームには、事業譲渡型（事業譲渡・会社分割）と会社承継型（減増資・合併など）が挙げられ、例えば事業譲渡型であれば、事業譲渡の時期（再建計画前の譲渡か再建計画に基づく譲渡か）、譲受人（スポンサーかその子会社か）、承継する事業及び財産（のれんを含む有形・無形資産、契約等）を定めることになりますし、減増資であれば、減資及び増資の内容、増資のほかの融資の有無・内容を定めることになります。

　支援金額については、事業譲渡型であれば事業譲渡の対価となり、減増資であれば出資額と融資額となります。

　スポンサー契約により定められた支援スキームと支援金額が、そのまま再建計画の骨子となりますので、再建計画に対して債権者の同意が得られる見込みを考えながら、スポンサー契約を詰めることになります。

Q 23 スポンサー支援型スキームの手続（法的整理の場合）　109

〈スポンサー支援型スキーム〉
【事業譲渡型】

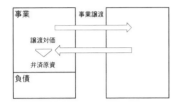

【会社承継型】

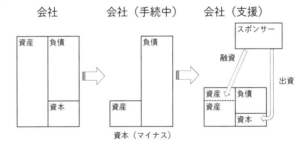

(野口)

Q24　スポンサー選定手続

Q　当社は債務超過の状況が長年続いており、数か月程度後には資金繰りがショートするおそれもあります。そこで、債務整理を検討しているのですが、会社の事業自体はある程度収益を生み出すことが可能であると考えていますので、会社の事業を支援してくれるスポンサーがいないか探し出したいと思っています。スポンサーを探し出すためには、どのような方法がとられているのでしょうか。

スポンサーの選定に当たっては、経営者などの人的つながりや、メインバンクの紹介等によりスポンサーを探すことも可能ですが、フィナンシャル・アドバイザー（FA）や仲介業者などを選任してスポンサー候補をリストアップしてもらい、入札手続を取ることも行われています。もっとも、FAを選定した上での入札手続は相応の費用や時間を要するため、経済的又は時間的余裕がない場合には前者の方法によることになります。法的整理手続はもちろんのこと、私的整理手続においても債権回収を極大化する観点からスポンサーの選定が適切に行われていたかが問題になることもありますので、選定手続の透明性を意識する必要があります。

1. スポンサー選定手続について

　スポンサーの選定に当たっては、会社の事業価値を高く評価するとともに、会社の存続（従業員の雇用継続など）を目的として条件を提示するスポンサーを選定することが、会社にとっても会社債権者にとっても重要になりますので、複数のスポンサー候補者がいればスポンサー候補者間の競争により、スポンサーを選定することが合理的といえます。

　そこで、スポンサーを選定するために入札手続を検討することになりますが、近時では、スポンサー候補者の情報やスポンサー選定手続の経験を数多く有しているフィナンシャル・アドバイザー（「FA」ともいいます。金融機関系や大手監査法人系、独立系などスポンサーの情報を有しています。）や仲介業者を選任して入札手続を進めることが行われています。

　もっとも、会社の業種、事業規模、収益性、会社オーナーや経営者への依存度、時間的余裕といった会社などから複数のスポンサー候補者を選定する余裕がない場合もあります。また、FAを選任するに当たってFAの費用が相応にかかるため（ケースバイケースですが、完全成功報酬制の場合もあれば、着手金や最低報酬金が数百万円〜数千万円程度かかる場合もあります。）、FAを選任することが相当でない場合もあります。そのような場合には、経営者の個人的なつながりや会社の取引先、メインバンクの紹介先などを当たりながら、スポンサーを選定することになります。

　なお、近年、中小企業のM＆Aの仲介業者が多くなってきており、着手金を取らなかったり、費用を低額としたりする業者も出てきています。

2. スポンサー選定手続の流れについて

　スポンサー選定手続において入札手続を行う場合の一般的な手続の流れは大体以下のとおりとなります。

入札手続に参加するスポンサー候補者の人数によって、手続の省略はあります。また、入札手続を取らない場合であっても、スポンサー候補者からは、会社の情報の提供を求められることになりますので、秘密保持契約を締結した上で、デュー・ディリジェンスを実施し、スポンサー候補者から提案書を提出してもらい、スポンサーとして選定するか検討することになります。

(1) スポンサー候補者のリストアップ

会社の業種、事業規模、収益性などをもとにスポンサー候補者として会社に関心を持つと思われる会社のリストアップと会社の基本的情報（登記簿謄本、定款、決算書類等）の開示の準備をします。

(2) スポンサー候補者への案内

(1) でリストアップしたスポンサー候補者に案内文を出します。

(3) スポンサー候補者と秘密保持契約の締結

(2) で案内文を出したスポンサー候補者が会社に関心を持ち、基本的情報の開示を求めてきた場合には、秘密保持契約を締結します。

(4) 会社の基本的情報の開示

(3) の秘密保持契約の締結後、(1) で準備した基本的情報を開示します。

(5) 入札手続（提案書の提出）

スポンサー候補者は、(4) で開示された基本的情報をもとに入札するかどうか、提案書を作成するかどうかについて検討し、入札する場合には提案書を作成することになります。この点、提案書には一般的にスポンサー候補者の情報、会社の事業価値の評価、会社の事業方針などを記載することになります。

(6) スポンサー候補者に優先交渉権の付与（あるいは2次入札の案内）

スポンサー候補者からの提案書を比較し、複数いて甲乙つけがたい場合には2次入札の案内をし、スポンサー候補者を1社に絞れた場合は、当該スポンサー候補者に優先交渉権を付与することになります。

(7) デュー・ディリジェンス

　スポンサー候補者は、会社の基本的情報のみならず、会社に詳細な情報を求めて、会社の法律、財務、経営等の精査を求めることが通常であり（これを「デュー・ディリジェンス（監査）」といいます。）、弁護士、公認会計士などが会社の詳細な情報を調査します。

(8) 入札手続（最終提案書の提出）

　(7)のデュー・ディリジェンスの結果を踏まえて、入札するかどうか、最終提案書を作成するかどうかについて検討し、入札する場合には提案書を作成することになります。1次入札や提案書提出の際に現れていなかった情報を踏まえることになりますので、条件等が異なることがあります。

(9) スポンサー候補者の確定・基本合意書(スポンサー契約)の締結など

　スポンサー候補者からの最終提案書を比較し、スポンサーを確定してスポンサーとの間で基本契約書の締結等を進めることになります。

〈スポンサー選定手続（入札方式）〉

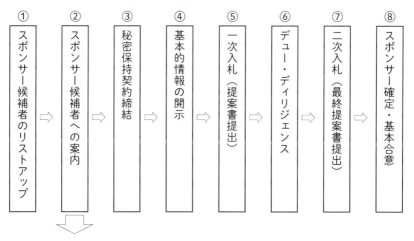

3. スポンサー選定手続における留意事項

入札手続の結果、スポンサーが確定することになれば、複数のスポンサー候補者から会社の事業価値を高く評価されたスポンサー候補者を選定したものとして合理性が認められますが、入札手続を実施できない場合において（複数のスポンサー候補者が現れなかった、経済的又は時間的余裕がなく入札手続を実施できなかった）、スポンサー候補者が現れた場合に、当該スポンサー候補者をそのまま会社のスポンサーとすることについては注意が必要です。

すなわち、当該スポンサー候補者の提案する支援条件について合理的な内容であるか第三者による評価がなされていないため（入札手続になれば複数のスポンサー候補者による競争原理が働きます。）、スポンサー選定が適切に行われていないと債権者から指摘を受け、債務整理の協力を受けられない可能性があります。そのような場合には、第三者の公認会計士に会社の事業評価を得ることや、事前に金融機関債権者に対してスポンサー選定について情報共有しておくことが必要になると思われます。

（野口）

Q25 中小企業の事業承継における中小 M&A ガイドラインの活用

Q 後継者不在の中小企業の事業を第三者に譲渡するM＆A手続を実践したいと思いますが、中小M＆Aガイドラインではどのような手続を規定しているのでしょうか。また、**債務超過でもM＆Aは可能でしょうか。**

A 中小M＆Aガイドラインにおいては、中小企業の経営者に向けて、M＆Aの手続等の基本的事項について定めるとともに、M＆A専門業者に依頼する際の留意点等が示されています。また、債務超過の企業であっても、譲受企業にとって魅力的な事業であればM＆Aは十分に可能です。

1. 中小M＆Aガイドラインとは

後継者不在の中小企業が増加し、M＆Aを活用して事業を第三者に引き継ぐ需要が高まる一方で、中小企業の経営者においては、①M＆Aに関心がなく、進め方が分からない、②M＆A業務の手数料の目安が分からない、③M＆A支援に対する不信感がある等の理由から、M＆Aの活用を躊躇する場合も多く見られました。そこで、2015年に策定された「事業引継ぎガイドライン」を全面改訂する形にて、2020年3月に「中小M＆Aガイドラ

イン」が策定されました。中小Ｍ＆Ａガイドラインにおいては、Ｍ＆Ａの手続等の基本的な事項や手数料の目安を示すとともに、Ｍ＆Ａ専門業者等に対しての行動指針等が示されています。その後、中小Ｍ＆Ａガイドラインの策定により、中小Ｍ＆Ａが活発となり、Ｍ＆Ａ専門業者等の数が増加したことから、Ｍ＆Ａ専門業者に対して一定の規制をかける趣旨で改訂作業が行われ、2023年9月に「中小Ｍ＆Ａガイドライン（第2版）」が、2024年8月に「中小Ｍ＆Ａガイドライン（第3版）」（以下「本ガイドライン」といいます。）が、それぞれ策定されています[1]。

2. 本ガイドラインの内容

(1) Ｍ＆Ａの手続の流れ

　本ガイドラインでは、Ｍ＆Ａの手続として、①意思決定、②仲介者・FA（Ｍ＆Ａ専門業者）の選定、③バリュエーション（企業価値評価・事業価値評価）、④譲り受け側の選定（マッチング）、⑤交渉、⑥基本合意の締結、⑦デュー・ディリジェンス、⑧最終契約の締結、⑨クロージングという大まかな流れを示したうえで（図1）、各手続における留意点等が説明されています。各手続における留意点については、本ガイドラインをご参照ください。なお、Ｍ＆Ａの手続を進めるにあたっては、Ｍ＆Ａに詳しい弁護士に相談しながら進めることが推奨されます[2]。

(2) 支援機関への事前相談

　中小企業の経営者においては、Ｍ＆Ａについての十分な知識がなく、また、

1　本ガイドラインについては、中小企業庁又は経済産業省のウェブサイトにて確認することができます。
2　相談窓口としては、日本弁護士連合会（ひまわりほっとダイヤル）等があります。

〈図1〉

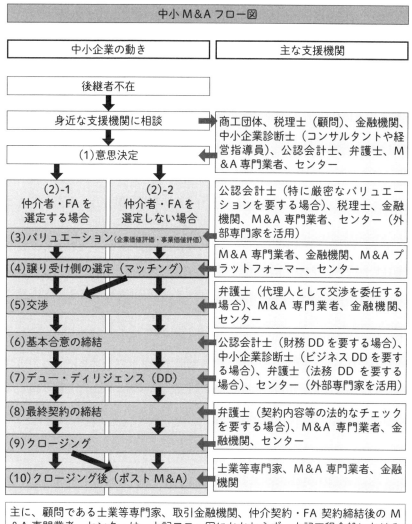

※事業承継・引継ぎ支援センターは「センター」と記載している。

(出所:中小M&Aガイドライン(第3版)33頁)

日々の業務に追われて検討が進まないということも多いため、まずは身近な支援機関（例えば、商工団体、士業等専門家、金融機関、Ｍ＆Ａ専門業者等）へ相談したうえで、Ｍ＆Ａを進めるかどうかを検討することが重要となります。

(3)　仲介者・FAの選定

　Ｍ＆Ａによる事業承継を進める場合、仲介者やFA（フィナンシャル・アドバイザー）を選定するかどうかが問題となります。仲介者やFAを選定しない場合、会社の取引先に打診をしたり、メインバンクから紹介を受ける等の方法のほか、事業承継・事業引継ぎ支援センターやＭ＆Ａプラットフォーム等を利用しながら、譲受企業を探索することが考えられます（Q24参照）。

　仲介者やFAを選定する場合、1社のみに依頼するのか、それとも複数の業者を選定するのかについても検討する必要があります。複数の業者に依頼した場合には、広く候補先の紹介を受けることが期待できますが、他方でレピュテーションリスクの可能性が高まりますので、それぞれの利点や留意点を踏まえて選択することになります。

　また、Ｍ＆Ａ専門業者への手数料や報酬を支払うだけの経済的な余裕がない中小企業においては、仲介者やFAを選定せずに、譲り渡し側と譲り受け側のマッチングの場を提供するＭ＆Ａプラットフォーム等を活用する方法も考えられますが、その場合には、登録時の情報の開示について慎重に対応する必要があります。

(4)　Ｍ＆Ａ専門業者との契約における留意点

　Ｍ＆Ａ専門業者に依頼する場合、契約形態としては、仲介契約とFA契約があります。仲介契約は、譲り渡し側・譲り受け側の双方との間で契約を締結し、譲り渡し側と譲り受け側の双方から報酬を受け取ることになります。他方で、FA契約は、譲り受け側又は譲り渡し側の一方との間で契約を締結

し、一方から報酬を受け取ることになります。仲介契約の場合、双方から報酬を受け取ることになるため、一方から受け取る報酬額が低くなる傾向がありますが、構造的に利益相反のリスクがあり、譲り渡し側の利益の最大化が実現されない可能性がありますので、会社の資金的な余力等も踏まえて、契約形態を選択することになります。

　M＆A支援機関登録制度に登録されている場合には、M＆A専門業者への手数料等について事業承継・引継ぎ補助金を受けることができるとされていますが、特に登録において厳しい審査基準がある訳ではありません。その前提にて、M＆A専門業者を探す場合に、M＆A支援機関登録制度事務局のホームページにあるデータベースを閲覧して各M＆A専門業者の情報を確認することができます。

　また、M＆A専門業者との契約内容のわかりにくさや、料金体系についてのわかりにくさが課題となっていたことから、本ガイドラインにおいては、仲介契約書やFA契約書のサンプルを掲載するとともに、報酬の算定方式や、特に留意すべき条項について記載されています。特に、直接交渉の制限（譲り渡し側が、M＆A専門業者を介さずに候補先と直接交渉することを禁じる旨の条項）やテール条項（M＆Aが成立しないまま、仲介契約・FA契約が終了した後、一定期間内に、譲り渡し側がM＆Aを行った場合に、M＆A専門業者が手数料を請求できる旨の条項）については、譲り渡し側の活動を制約するものであることから留意が必要です。

(5)　経営者保証の取扱い

　中小企業の経営者は、会社の金融債務等について保証人となっているケースが多く、中小M＆Aに伴って譲り渡し側の経営者保証の処理が問題となります。そのため、本ガイドラインにおいては、弁護士等の士業等専門家や事業承継・引継ぎ支援センターへの相談を行い、経営者保証の解除や譲り受け側への移行を実施するための対応を検討することが重要とされています。

なお、「経営者保証に関するガイドライン」を活用した保証債務の整理については、Q33 を参照してください。

3. 債務超過企業の M & A

　債務超過企業であっても、高い技術力やノウハウ、業界内における知名度、取引先との人脈、優秀な人材等、譲り受け側が評価するポイントは様々であり、譲り受け側にとって魅力を感じる事業であれば、M & A が実現する可能性は十分にあります。また、会社全体としては赤字であっても、部門別・店舗別に見ると利益を計上している場合もあり、そのような優良事業のみを切り出して譲渡することも検討すべきです。

　ただし、債務超過企業は資金繰りに余裕がないケースが多く、譲受企業を探索する期間中の資金繰りを維持する必要がありますので、日繰りの資金繰り予定表を作成して、資金ショートの時期を把握しておくことが重要です。特に、金融負債への支払が資金繰りを圧迫している場合には、金融機関から元金等の支払の猶予（リスケジュール）を受ける等の私的整理手続を行うことも考えられます。

　また、債務超過企業が事業を譲渡するときに、事業譲渡代金等が不当に低廉である場合には、詐害行為取消権や否認権を行使されるリスクがあるため注意が必要です。このようなリスクを回避するためには、少なくとも、破産したと仮定した場合の清算価値を超える金額で譲渡すべきです。

　このように、債務超過企業の M & A においては、留意すべき点が多くありますので、事業再生に関する知見と実務経験を有する弁護士の関与のもとで進める必要があります。

（柳澤、髙井）

Q26 事業再生における 組織再編手続

Q 当社は、営業赤字に陥り、税金の滞納も始まり、買掛金の支払も難しい状況が続き、事業を停止して、破産することも視野に検討していました。そのような状況を知り合いの社長に相談したところ、「スポンサーとなって支援してもよい、その際は、スポンサーの子会社となる形にしてほしい」と言われています。

どのような方法で子会社化することができるでしょうか。

....

A スポンサーの子会社にする方法としては、債務者企業の株式をスポンサーに譲渡をする又は新たに株式を発行する方法、スポンサーが設立した会社に事業譲渡する方法、債務者企業を会社分割して設立された新設会社の株式をスポンサーに譲渡する方法などが考えられます。どのような手続を選択するかは、それぞれの方法のメリット・デメリットを検討して決めることになります。

1. 株式譲渡又は新株発行による組織再編

　子会社化するために最も簡便な方法は、債務者企業の株式をすべてスポンサーに売却することです。

　この方法によれば、債務者会社の資本関係のみに変動が生じ、財務内容や取引先との契約関係、許認可などについて、原則として変更の手続を取る必要がありません。ただし、契約関係（特に賃貸借契約やライセンス契約など）については、支配株主の変更が契約解除事由になっている場合がありますので注意が必要です。

　他方で、会社をそのまま子会社化するため、不要な事業、契約関係、債権債務関係などもすべて承継することになり、スポンサー側で事業内容の取捨選択ができないため、不要な事業等が事業再生の足かせになったり、株式譲渡前に生じた簿外債務などが負担となるリスクもあります。

　また、手続面では、完全子会社化するためにはすべての株主の同意が必要になります。債務免除を伴う事業再生の場合、債務超過状態にあることが一般的ですので、株式の価値はゼロであり、株式譲渡は備忘価格（1株1円など）となるため、そのような譲渡についてすべての株主から理解を得なければなりません。そして、すべての株主との間で株式譲渡契約を締結することになりますので、株主が多数の場合には契約締結が煩雑になる可能性もあります。

　このように株主が多数に及ぶ場合に、株式譲渡と同様の効力を生じさせる方法としては100％増減資という方法もあります。これは、いったん減資をし（いわば発行済み株式をいったんリセットして）、同時にスポンサーに増資をすることで、子会社化を実現するものです。これについては株主総会決議で足りますので、個別に株主との間で株式譲渡契約を締結する必要はありません。

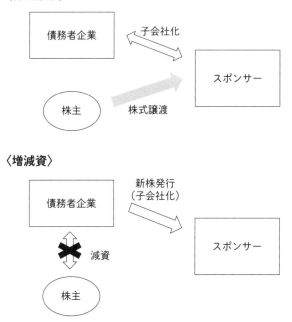

2. スポンサーが設立した会社に事業譲渡する方法

　子会社化する方法としては、スポンサーが設立したスポンサーの子会社に債務者企業の事業を譲渡する方法もあります。

　事業譲渡は、個別の資産、契約関係等について承継する資産負債等と承継しない資産負債等を決めて、承継する資産負債等をまとめて譲渡する方法ですので、承継したくない資産、負債、契約関係は債務者企業に残しておくことができます。簿外債務などを承継しないことから、事業譲渡後のリスクは少ない方法といえます。

　手続としては、株主総会決議が必要ですが、民事再生手続や会社更生手続内で行う場合は裁判所の許可をもって総会決議を経ないで行うことができ、また、債権者保護手続も不要ですので、早期に譲渡を実行することができま

す。

　他方で、事業譲渡は個別の資産の譲渡と考えられていますので、不動産等の名義変更に費用がかかります。また、公官庁の許認可も再度取得しなければならず、許認可が必要な事業の場合は、事業譲渡後すぐに事業が開始できない可能性もあります。さらに、個別の契約関係においては、契約の承継について相手方の同意が必要になり、事業譲渡を機に取引関係の条件変更等を求められたり、重要な従業員が雇用契約の承継に同意せずに散逸するなどのリスクがあります。

　なお、事業譲渡後の債務者企業は、事業譲渡代金に資金化された残された資産を加えて、弁済計画に基づく弁済を行った後に清算することになります。

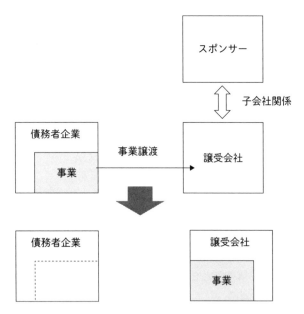

3. 債務者会社が新設分割した会社の株式譲渡をする方法

債務者会社が、スポンサーとも協議の上で、必要な事業を会社分割にて新設分割会社に承継させ、その対価として新設分割会社の株式を得た上で、スポンサーに対し、当該新設分割会社株式を株式譲渡する方法です。

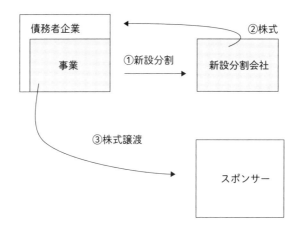

この会社分割を用いた方法は、個別の資産、契約関係等についてまとめて承継させる方法ですので、承継したくない資産、契約関係は債務者企業に残しておくことができます。簿外債務なども承継しないことから、事業譲渡と同様に承継後のリスクは少ない方法といえます。また、会社分割は事業譲渡と異なり、契約関係や権利義務関係等をそのまま承継しますので、特に相手方からの個別の合意は不要です（ただし、契約内容において会社分割が解除事由になっている場合には解除権を行使しないように説明、交渉が必要になることもあります。）。従業員との雇用関係についても、一定の手続は必要ですが、個別の合意なく承継ができます。公官庁による許認可についても原則として承継可能、又は通常の新会社よりも短縮した期間での取得が可能とされています。

このように、契約関係や許認可の承継について事業譲渡よりも容易である

という点に会社分割を用いる方法のメリットがあります。

　ただし、手続としては、株主総会決議が必要で債権者保護手続も必要になるため、事業譲渡よりも手続が煩雑で、かつ、期間が必要になりますので、この点は注意が必要です。

　　　　　　　　　　　　　　　　　　　　　　　　　　　　　　（犬塚）

Q27 事業譲渡の手続・会社分割の手続

> **Q** 第二会社方式などで利用されている**事業譲渡手続、会社分割手続**とはどのような手続でしょうか。また、それぞれの手続の違いはあるのでしょうか。
>
> **A** 事業譲渡手続、会社分割手続のいずれも、会社の事業を他の会社に譲渡・承継する手続となります。もっとも、手続方法や手続の効果が異なりますので、対象とする事業や資産、移転手続のスケジュールなどを考慮して、いずれの手続を取るべきか検討することになります。

1. 事業譲渡手続について

(1) 事業譲渡とは

　事業譲渡とは、一定の営業目的のために組織化され、有機的一体として機能する財産の全部又は重要な一部を譲渡し、これによって、譲渡会社のこれまでの営業活動を譲受人に承継させ、譲渡会社がその限度で法律上当然に競業避止義務を負うものをいうとされています。会社の事業を運営するために必要な資産、取引先・従業員などの契約、売掛金・買掛金などの債権・債務をまとめて譲渡することを事業譲渡というとイメージしていただければと思います。

〈事業譲渡手続（イメージ）〉

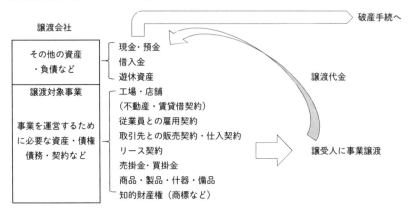

(2) 事業譲渡手続について

　事業譲渡手続を行うに当たっては、まず、事業譲渡の内容を、譲渡会社、譲受人間で協議した上で事業譲渡契約書を作成・締結することが必要となります。

　事業譲渡契約書に盛り込む必要のある事項としては、①譲渡事業の範囲、②譲渡金額、③譲渡の効力発生日、④譲渡会社・譲受人の表明保証事項（それぞれの当事者が契約できる能力があることや、契約に必要な手続を取っていることなどを相手方に誓約する事項）、⑤譲渡会社・譲受人の遵守事項（譲渡代金の支払方法や事業譲渡の具体的手続など）、⑥譲渡実行の前提条件（譲渡会社・譲受人が効力発生日までに実施しておくべき事項）、⑦契約違反の場合の補償などが挙げられることが多いように思います。

　また、事業譲渡の内容が、譲渡会社の事業の全部、事業の重要な一部の譲渡である場合、譲受人が譲渡会社の事業の全部を譲り受ける場合には、原則として譲渡人、譲受人のそれぞれの会社において会社法上の特別決議が必要となり、また、取締役会決議が必要となる場合もあります。

　その上で、事業譲渡の効力発生日において、対象となる事業が譲渡会社か

ら譲受人に譲渡されることになりますが、実際には個別の移転手続を取る必要がありますので、それらの手続を進めることになります（契約については契約上の地位移転の手続、債権については債権譲渡手続、商品等については引渡しなどが行われます。）。

2. 会社分割手続について

(1) 会社分割とは

　会社分割とは、会社の事業に関して有する権利義務の全部又は一部を、分割後新たに設立する会社又は既存の会社に承継させることをいい、分割後新たに設立する会社に承継させる手続を新設分割、既存の会社に承継させる手続を吸収分割といいます。

　新設分割の場合は、新設会社の発行する株式が分割会社又は分割会社の株主に割り当てられ、吸収分割の場合は、分割に際して承継会社の発行する株式や金銭その他の財産を分割会社又は分割会社の株主に割り当て、分配されることになります。

(2) 会社分割手続について

　新設分割による会社分割を行うためには、新設分割計画（新設分割により設立される会社の概要など）を作成し、会社の株主や債権者への情報提供を行うとともに、会社法上の特別決議による承認が必要となります。また、会社の株主を保護するための手続（株式買取請求権など）や債権者を保護するための手続（債権者異議手続）、労働者を保護するための手続（労働者・労働組合への事前通知など）を行う必要があります。

　吸収分割による会社分割を行うためには、吸収分割契約（会社の承継対象となる事業の内容、承継条件等について承継先の会社と合意する契約）を締結するほか、新設分割と同様の手続が必要となります。

〈第二会社方式を利用する場合における会社分割のイメージ〉

新設分割のイメージ

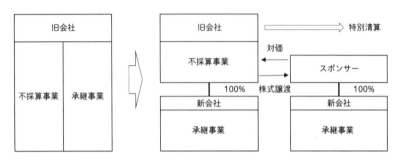

吸収分割のイメージ

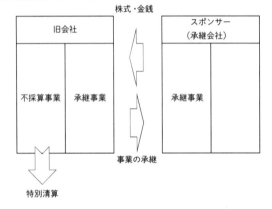

3. 事業譲渡と会社分割

　事業譲渡と会社分割は、いずれも会社の事業を他の会社に譲渡・承継する手続ではありますが、いくつか異なる点があります。

　会社分割では、対象となる事業や資産をまとめて承継することが可能となりますが、事業譲渡では事業や資産について個別に移転手続が必要となり、債権債務関係、契約関係の相手方当事者（債権者・債務者・契約相手方）の

個別の同意が必要となります。他方で、会社分割は、会社間の企業結合に利用される合併手続と同様に手続が複雑であり（株主保護手続、債権者保護手続、労働者保護手続など）、手続に時間がかかるともいえます。移転対象となる事業や資産、移転手続のスケジュールなどを考慮して、いずれの手続を取るべきか検討することになるといえます。

（野口）

Q28 DIPファイナンスの利用

Q 当社は債務超過の状況にあり、金融機関からの融資も断られ資金繰りも逼迫している状況にあるため、現在、民事再生手続の申立てを検討しています。もっとも、民事再生手続の申立てになれば、仕入先を中心とした取引先にも大きな影響が及ぶことが予想され、当面は、買掛けでの取引はできないと思われますが、そのような場合に資金繰りをつける方法があるのでしょうか。

A 民事再生手続などの法的整理手続に入った債務者に対して資金的支援をする方法として、DIPファイナンスと呼ばれる資金調達方法があり、事業継続するための当面の資金的な援助を受けることが可能となります。

　もっとも、法的整理手続中の会社に資金的支援をする手法ですので、法的整理手続において異なる取扱いをされたり、金利が高めに設定されたりするなど、一般的な金融債権とは異なる特徴があります。

1. DIP ファイナンスとは

DIP ファイナンスとは、法的整理手続に入っている債務者（DIP：debtor in possession）に対する新規融資のことをいいます。

民事再生手続、会社更生手続などの再建型の法的整理手続の申立てが行われた場合、既存の債権者に対する弁済は一時的にストップし、再建計画に基づいて弁済がなされる一方で、売掛金などの回収は通常どおり行われるので、一般的には資金的余裕が生じ得ますが、他方で、仕入先などの取引先とは掛け取引が難しく現金払い（COD：cash on delivery）となることも少なくなく、資金繰りが厳しくなることも多々あります。

再建型の法的整理手続を申し立てても、資金繰りがつかないために事業が毀損し、事業継続できなくなるのであれば、申立ての意味がなくなりますので、申立てをした債務者に対して、一時的な運転資金の貸付けを実施し、事業を継続・維持させて、最終的に法的整理手続を成功させるために活用されるようになった資金調達方法です。

なお、法的整理手続における会社の資金需要はいくつかの段階に分けることができます。法的整理申立直後から再建計画の認可までの期間における資金需要（事業価値維持のための運転資金等）に対する貸付けを「アーリーDIP」といい、再建計画の認可後における再建計画の遂行のための資金需要（リストラ資金、設備投資資金、再建計画（弁済計画）の早期終結資金）に対する貸付けを「レイター DIP」といいます。

〈DIPファイナンスのイメージ〉

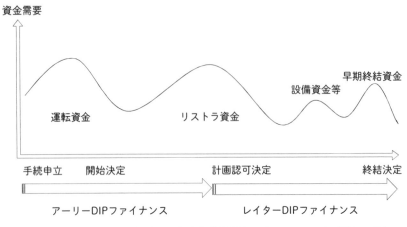

出所：日本政策投資銀行のホームページの図を一部加工

2. DIPファイナンスの活用方法（特にアーリーDIPについて）

　DIPファイナンスは、民事再生手続、会社更生手続などの再建型の法的整理手続において、事業が毀損する、あるいは事業継続できなくなるリスクを取りながら資金的支援をすることになりますので、既存の金融債権や取引債権と区別して取り扱われることが一般的です。具体的には、DIPファイナンスにより提供された資金については、裁判所の許可を条件に民事再生手続や会社更生手続において共益債権（約定どおり随時弁済を受けられる債権）として取り扱われ、既存の金融債権や取引債権のように各手続に従った弁済を受けるのではなく、原則として、優先的に全額弁済されるものとして取り扱われることになります。

　DIPファイナンスの活用に当たっては、①融資金額、②融資期間、③担保、④金利・その他の費用を検討する必要が出てきます。

　まず、①融資金額については、債務者の法的整理手続期間中の資金繰り表

を作成し、資金需要額を明らかにする必要があります。この場合、実際の運転資金のみでなく、融資枠を設けてもらうことにより、債務者の取引先からの信用を補完することになることも検討することになります。

　また、②融資期間については、法的整理手続における再建計画案の提出時期までを目安として融資期間とされることが多いようですが、債務者の事業継続に懸念がなければ、融資の継続も検討されることになります。

　そして、③担保については、法的整理手続において、DIP ファイナンスが優先的な取扱いを受けるとしても、債務者の事業継続ができず破綻する可能性はゼロではありませんので、DIP ファイナンスを実施する債権者は担保による債権保全を図ることになります。通常、法的整理手続の申立て前には、不動産等の資産には担保が設定され余剰がないことも多いと思われますので、実務上は、債務者の売掛債権や商品・製品の在庫等の流動資産に着目して担保（集合流動債権 / 動産譲渡担保）を設定するなど、多様な担保設定方法が検討されます。

　なお、④金利・その他の費用については、相応のリスクに見合う金利として、現状では 5 ％〜 10 ％程度を要求されることも多いと思われます。

（野口）

Q29 事業再生に対する金融機関の判断〜経済合理性〜

Q 事業再生においては、金融機関に対して、支払期限の延期（いわゆるリスケジュール）や債務免除などを伴う弁済計画案を提示し、これに同意を得ることが必要になります。

弁済計画案について、金融機関は、経済合理性に基づいて判断するとのことですが、経済合理性を満たす弁済計画案とはどのようなものでしょうか。

経済合理性とは、債務免除などを伴う弁済計画案が、債務者企業の事業再生につながり、かかる企業への債権の回収がより確実になるなどにより金融機関の損失が最小限度になることをいいます。

具体的には、金融機関において、債務者が廃業し破産手続などにより清算をする場合に想定される債権回収額よりも、事業再生による弁済計画案の方が、より多くより確実に回収が見込める場合をいいます。

1. 経済合理性の有無とは

弁済計画案に同意する経済的なメリットがあることを「経済合理性があ

る」といいます。

　では、どのような場合に経済合理性があると判断されるのでしょうか。

　債務免除を伴う事業再生が行われる場合、当該債務者企業は、このままでは事業が継続できず、早晩、事業が停止し、廃業、さらには破産に至る可能性があります。金融機関としては、そのような会社が廃業し破産に至ってしまうと、債権の回収が困難になるか又はほとんど回収できないといったリスクが生じます。

　他方で、事業再生をするにしても、結局、破産に至る場合に想定される回収額よりも少ない金額しか回収できないのであれば、弁済計画案に同意するメリットはありません（言葉は悪いですが、金融機関にとっては、破産した方がマシということになります。）。

　そこで、事業再生において、私的整理手続（準則型私的整理手続を含む。）による場合でも、民事再生や会社更生などの法的再生手続による場合でも、金融機関は、このまま債務者企業が破産に至るよりも、事業再生を果たす方が、より多くの債権回収が可能と判断できることが弁済計画案に同意する最低限の条件になります。

　このような最低限の条件を経済合理性といい、破産により清算した場合以上の回収額が見込めなければならないという意味で、「清算価値保障原則」といいます。

```
経済合理性があるとは、

    弁済計画案に基づいて   ＞  破産手続において
    回収できる金額            回収できる金額
```

2. 経済合理性の判断

(1) 清算 B/S の作成

　経済合理性は、廃業・清算（破産）した場合との比較ですので、まずは、現時点で廃業・清算（破産）した場合に金融機関はどの程度の回収を受けられるかを検討しなければなりません。その検討において作成されるのが、清算貸借対照表（以下、「清算 B/S」といいます。）です（Q43 参照）。

　清算 B/S は、破産による清算との比較のために作成されるもので、評価基準は清算（破産）した場合を前提とした評価を行います。預金は相殺予定を考慮することになりますし、売掛金や貸付金などは早期回収可能性を評価します。在庫商品も会社が継続しないのでバルクセール（まとめ売り）で売却することが前提になり、また、不動産も早期売却価格での評価になります。

（例）

（単位：千円）

課目	実態 B/S	清算 B/S	内容
現預金	20,000	8,000	拘束性定期預金の相殺
売掛金	120,000	108,000	早期回収による 9 割評価
貸付金	20,000	5,000	一部回収困難
在庫商品	100,000	10,000	汎用性に乏しく 1 割評価
不動産	200,000	160,000	早期売却価格により評価
敷金・保証金	6,000	1,000	原状回復費用を控除
合計	466,000	292,000	

(2) 清算配当率の算定

　清算 B/S を作成すると、その時点において破産に至った場合にどの程度の資産があるかが算出されます。上記例だと 2 億 9,200 万円が清算 B/S における資産額です。

ただし、破産手続においては、その資産のすべてが債権者に平等に分配されるわけではなく、担保権の対象となっている資産は控除しなければなりません。その上で、破産の申立て、その後の破産手続に必要な費用を控除し、さらには、租税債権や労働債権などの優先的な支払が認められる債権額を控除し、最終的に残った資産が配当されることになるのです。

　このように破産手続において最終的に残ると想定される資産で配当がなされた場合に各債権者が回収できる金額の債権額に対する割合を「清算配当率」といいます。

(3) 経済合理性の判断

　事業再生における弁済計画案に基づく弁済率と清算配当率を比較して、前者の方が高率である場合に経済合理性を有している、清算価値保障原則を満たしていることになります。

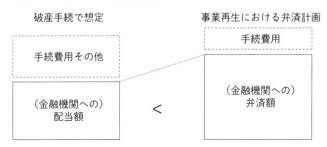

3. 事業再生において、経済合理性は重要だが、最低限のハードル

　事業再生における弁済計画案について、経済合理性は金融機関の重大な関心事ではありますが、あくまで金融機関の同意を得る最低限の条件であるということは留意が必要です。

　個々の事案では、経済合理性が認められることを前提に、

・弁済計画案は本当に履行できるのかという履行可能性

　→　事業計画、収益計画が妥当で実現可能性のあるものかどうか

・弁済計画を超える弁済ができないかなどの弁済計画の合理性

　→　ほかにもっと高額な支援をするスポンサーがいるのではないか（スポンサー選定の合理性）など

・経営者、株主の責任

　→　従来の経営者の退陣、100％増減資、株式譲渡の要請など

という問題が生じます。

　まずは、経済合理性を満たす弁済計画案を作成することが大切ですが、それ以外にも上記の点など個々の事案によって金融機関が重視する問題点が異なりますので、各金融機関の意見をしっかりと聴き取って、一つ一つ解決していくことが重要です。

（犬塚）

Q30 取引債権者の取扱い

Q 当社は、私的整理手続か法的再生手続による事業再生を考えていますが、取引債権者はどのように取り扱うことになるでしょうか。取引債権者にも債務免除をお願いすることになるのでしょうか。

A まず、私的整理は、取引債権者に対して、取引債権全額を弁済しつつ事業を継続しながら手続を進められますので金融機関のみが対象債権者となることが多く、取引債権者は対象外とされます。ただし、大口取引債権者を含めた私的整理がなされた例もあり、当該取引債権者の同意を得て手続に参加してもらうことはできます。

次に、民事再生などの法的再生手続においては、すべての債権者が対象となりますので、取引債権者も当然に対象となります。ただし、このように取引先に対する債務免除等を行うことは信用棄損が生じ、また、当該取引債権者との取引が停止して事業継続が困難となる場合もあります。

　事業再生を行うに当たって、これまでの事業を継続し、事業価値を維持するためにも仕入先などの取引債権者への対応は非常に重要です。

1. 私的整理手続における取引債権者の取扱い

(1) 私的整理手続の場合の取引債権者

　私的整理手続は、一般に、取引債権者の債権は全額弁済され、事業の継続を図りながら進めていきます。

　すなわち、取引債権者への支払を停止し、債務免除等の要請を行うと、取引自体が停止されて仕入が困難になったり、取引が維持できたとしても現金払いや支払サイトの短縮などの要請がなされて資金繰りが厳しくなることがあります。また、債務整理を行っていることが広く公開されることによる信用毀損が生じることから、顧客からの信用が失われるなど、事業価値が毀損する可能性があります。そうなってしまうと、事業再生もままならない状態になったり、せっかくスポンサーがついてもそのスポンサーからの支援額が減ってしまうかもしれません。

　したがって、私的整理手続において取引債権の支払を継続するのは、事業毀損を避け事業価値を維持して事業再生を行うことが金融機関などの私的整理手続の対象債権者への弁済額を増大させると考えられるからです。

　また、このような事業価値維持、弁済額の増大化の観点以外にも、多数の取引債権者が手続に加わることは、全員の合意が必要な私的整理手続においては合意形成が困難になるという手続的な側面における問題も生じます。

（2） 私的整理手続にて取引債権者の債務処理を行う場合

　特定の業者に仕入を依存している場合などで、その大口取引債権者に対する債務が多額となっており、当該取引債権者の債務処理を行うことが事業再生に必要な場合もあります。私的整理手続のうち、事業再生ADR（Q13参照）や特定調停手続（Q14参照）では、必要があれば取引債権者を手続に加えることが可能です。ただし、その場合も、取引停止や信用棄損といったデメリットが生じないよう前もって私的整理手続の内容や事業再生についての理解を得ておくことが重要です。

2. 法的再生手続における取引債権者の取扱い

　民事再生手続や会社更生手続といった法的再生手続においては、金融機関のみならずすべての債権者が対象となりますので、取引債権者も当然にその対象となり、取引債権も再生債権又は更生債権となって、支払の一時停止、再生計画案又は更生計画案に基づく弁済と債務免除の効力を受けることになります（民事再生手続や会社更生手続の詳細はQ16、Q17参照）。そうすると、取引債権者を巻き込むことによる前述のデメリット、特に「支払わないのであれば今後の取引はできない」という取引債権者が生じます。これに対しては、支払サイトを短縮する、現金での即時払いにするなどで取引の継続を図ることが行われますが、そうすると資金繰りが厳しくなります。汎用性のある取引であれば他の取引先を探すということもできますが、新規取引先も法的再生手続が開始していることを認識しているため取引条件が厳しくなります。また、事業継続に必要不可欠な取引であって債権額が少額であるなどの事情があれば裁判所の許可を取得して支払うことも検討されますが（民再法85②又は⑤、会更法47②又は⑤）、これも資金繰りを毀損する可能性があります。

　したがって、債務者会社の資金繰りを確認しつつ、支払サイトを短縮する

ことなどで取引継続を図り、手続後に事業が安定したタイミングで従来の支払サイトに戻すことなどを実施し、どうしても説得が難しく他に代わりがない事業継続に不可欠な取引先については裁判所の許可を取得して少額債権として支払って事業毀損を防ぐというようにして、事業を維持しつつ資金繰りが大きく毀損して事業再生に影響が出ないよう個々の取引債権者と交渉するよりほかありません。

　一方で、既にスポンサーが決まっているような場合や有力なスポンサー候補者がいる場合には、スポンサー等に手続開始直後の早期のタイミングで支援を公表してもらい、取引債権者等の信用を維持することも有用です。

3.　取引債権者の重要性

　事業価値を維持するためには取引債権者との取引維持は必要不可欠であり、できるだけ取引債権者への影響が及ばないよう事業再生手続を進めることが重要です。それでも取引債権者を巻き込む場合には、個々の取引債権者に対して、今後の手続等についてわかりやすい説明を行い、理解を得るしかありません。

（犬塚）

Q31 担保権者、リース債権者の取扱い

Q 当社は、電気機器の部品メーカーで、当社が所有権を有している工場で部品を製造しています。この工場には金融機関から抵当権が設定されています。これから事業再生のために、金融機関に債務免除等の交渉を行おうと考えていますが、工場が売却されると困ります。どのように進めればよいか注意点を教えてください。

また、工場内の部品製造にかかる機械類はリース会社から調達しているのですが、高額なリース料の支払が資金繰りを圧迫しています。このようなリース料についても免除等が認められるものでしょうか。

A 担保権者（金融機関）は、その対象となる物品の価値を担保として押さえていますので、どのような事業再生の手続を行うにせよ、その価値相当額を当該担保権者（金融機関）へ支払う必要があります。工場が事業の継続に不可欠なものであれば、担保権者（金融機関）と協議の上で、工場の現在価値を評価して価値相当額を一括又は分割で弁済し、残債権について債務処理を行うことで、工場を維持することができます。

> リース債権者は、リースの種類にもよりますが、ファイナンスリースは担保権付きの債権と解されていますので、担保権者と同様に扱うことになります。したがって、機械類についても現在価値を評価し、その価値相当額を一括又は分割で弁済し、残債権について債務処理を行うことになります。

1. 事業再生手続における担保権者の取扱い

(1) 担保権の特色

　担保権は、私的整理手続ではもちろんのこと、後述する会社更生手続以外の法的倒産手続でも、その権利行使を妨げられず、担保物件から優先して債権回収を行うことができます。

　担保権者は、担保権を実行して、競売等により売却し、その売却代金から優先して回収した後に、まだ債権が残る場合は、残りの債権部分について他の債権者と同様に弁済を受けることになります。

　しかしながら、債務者企業において、担保物件が事業の継続に必要不可欠な場合、競売等で売却されると事業の継続が困難になり、事業再生は頓挫してしまいます。

　そこで、担保権者との合意により担保物件の価値分の金銭を支払って担保権を抹消するか、民事再生手続における中止命令や担保権消滅許可制度又は会社更生法による手続により物件の維持を図ることになります。

〈金融機関が貸付債権について抵当権を設定していた場合の処理〉

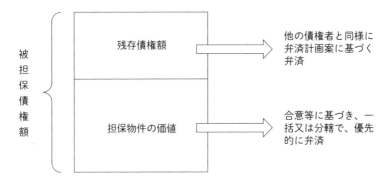

(2) 事業再生における担保権者の取扱い
ア 担保権者との合意

　事業再生において事業継続に必要な担保物件は、その評価を行って価値評価額について担保権者と合意をして、価値相当額を金銭で担保権者に支払い、担保権の抹消を行います。そうすることにより、債務者企業は必要な物品の所有権を維持して事業を継続でき、担保権者も価値相当額を得られることになります。

　ただ、担保権者との担保物件の評価額について折り合いがつかず、合意を行うことが難しい場合もあります。事業再生を行う債務者企業にとっては担保権者に支払う基準となる価値評価額は低額な方がよく、他方で、担保権者は高額での評価を望んでいるからです。不動産については、不動産鑑定士による鑑定を取得する、動産については中古業者等からの見積りを複数取得して、それらの第三者による評価額を基準として、合理的な価値評価額についての交渉を行うことになります。また、事業再生においては、当該担保物件について高額な支払が必要になることは、他の債権者への支払原資が減少するという側面もあり、他の債権者にも説明可能なように客観的な資料をもって評価額を確定することが重要です。

イ　担保権実行の停止、取消

　私的整理手続においては、通常、担保権実行を止める術はありません。一方、特定調停手続では裁判所が一定の条件下において執行手続の停止を命ずることができます（特定調停法7①）。ただし、これは手続の停止のみの効力しかなく、特定調停が終了した場合には停止の効力が失われます。

　法的再生手続のうち、民事再生手続では、裁判所が相当な期間において執行手続の中止を命ずることができます（民再法31）。また、担保物件の評価額を裁判所に納付することで担保権を消滅させる制度もあります（民再法148以下）。この担保権消滅許可の制度では、価値評価額に争いがある場合に、裁判所が価額を決定することができるとされています。ただし、この担保権消滅制度では、価値評価額の金銭を一括で納付することが求められますので、資金繰りの関係で分割での弁済を行いたい場合の利用は困難です。

ウ　会社更生における取扱い

　会社更生においては、担保権者も更生担保権者としてその権利行使を制限することができます（Q17参照）。また、担保権の評価額については、管財人の財産評定手続で定まり、更生担保権者がこれに不服がある場合には、価格決定手続で決定されることになります。そして、このように定められた担保物件の評価額に基づいて、更生計画案で分割、又は一括での弁済を定めることになります。

2.　事業再生手続におけるリース債権者の取扱い

　一口にリース債権者といっても、リース契約の内容は千差万別であるためどのように取り扱うかは、リース契約の内容によります。

　いわゆるファイナンスリースは、その実体は金融行為（つまりリース物件を購入するための融資と同様）と考え、そのリース債権を担保するために、リース物件に譲渡担保又は所有権留保といった担保権が設定されていると考

えます。したがって、ファイナンスリースにおけるリース債権者は、リース物件についての担保権者と考えることになります。

他方で、オペレーションリースは通常の賃貸借契約と同様に考えることになるため、一般の取引債権者と同様に取り扱うことになります。

3. 事業に必要不可欠な不動産、機器等の確保に向けて

以上のとおり、事業に必要不可欠な不動産に担保権が設定されている場合や、機械等がファイナンスリースによるものである場合には、リース債権者を含む担保権者と価値評価額等について交渉を行い、担保権に関する合意を締結することが重要です。

特定調停や民事再生手続では、執行停止等の手続がありますがその効果は限定的であって、合意に基づく解決を模索することになります。

（犬塚）

Q32 従業員の取扱い

Q 当社は、30名ほどの従業員を抱えている中小企業で、資金繰り等が苦しく、自力での再建は難しいと考えています。幸運なことに競業他社であった会社がスポンサーに名乗りを上げてくれ、金融機関との間でも当該スポンサーへ全事業を承継させること、その対価を金融機関に弁済することで合意ができています。まだ従業員のほとんどにはスポンサーに事業を承継させることについて伝えていないのですが、スポンサーからは核になる従業員については必ず移ってもらうことが事業承継の条件とされています。

従業員に対して、どのような方法で説明を行うべきでしょうか。また、スポンサーに承継する方法によって、従業員の承継のしやすさに違いがあるのでしょうか。

私的整理手続は、公開せずに秘密裏に行われることが多いことから、管理職等のキーパーソンに対して早期に状況を説明するとしても、全従業員に対しては、情報が漏洩して信用不安が広がるリスクがありますので、スポンサーや金融機関

との交渉等において目鼻が立った段階で説明を行うなど慎重な対応が求められます。

　他方で、法的再生手続の場合、手続を申し立てるまでは秘密裏に行いますが、申立てをしたことはインターネット等で報道され、各取引先に知られることになります。そのような個々の取引先に対応する従業員の理解と協力がなければ、事業を継続し、再生計画案等の認可を得ることができません。

　したがって、申立て直後に、従業員全員に対し、丁寧に説明し、その後も従業員が不安にならないように配慮が必要です。

　なお、株式譲渡及び会社分割の場合は従業員の個別の同意は不要ですが、事業譲渡による場合にスポンサーに移転させるためには、個別の同意が必要になります。

　事業再生において、従業員の理解を得られるかどうかは、非常に重要です。

　経済的な債権債務関係である債権者との関係と異なり、従業員は債務者会社への愛着、上司・部下・同僚との人間関係、スポンサーに対する印象、事業再生手続への不安などで、事業再生にかけるモチベーションが大きく異なります。

　したがって、丁寧な説明が求められるのですが、他方で情報漏洩等による信用棄損のリスクもありますので、どのような手続を取るのかによって、その説明の方法は異なります。

1. 私的整理手続における従業員の取扱い

　私的整理手続は、原則として、金融機関のみを対象債権者とする手続で、

取引先債権者に対しては弁済を継続して信用棄損等による事業価値の低下を防ぎながら、手続を進めていくことになります。

　従業員は、債務者会社の事業を継続するために欠かせない存在であり、事業再生についての理解を得ておきたい一方で、取引先債権者や顧客との関係も密接であるため、従業員を経由して事業再生を行っていることが漏洩することも珍しくありません。

　そこで、私的整理手続においては、私的整理手続を進めるに当たって最低限度の人員への説明を行い、協力を求めることになります。

　その後、スポンサーの支援による事業再生においては、スポンサーが決定する前後において、従業員との面談が希望されたり、スポンサーとの協力体制の構築等のために全従業員が事業再生について理解をしておく必要が生じます。そこで、スポンサー決定前後で、書面等を用いて今後の事業再生の展開等について説明を行っておくことになります。

　特に、スポンサー承継後の給与等の条件面に変更が生じるのかどうかなどは、従業員にとって重大な関心事ですので、まずは、管理職レベルで十分に説明方法を検討し、全従業員の理解を得られるような説明が求められます。

2.　法的再生手続における従業員の取扱い

　法的再生手続は、申立てまでは秘密裏に行われますが、申立て後は広く報道されることになりますので、その時点で全従業員への説明を余儀なくされます。

　そして、私的整理手続の場合と異なって、従業員への説明の時点ではスポンサー等がまだ決まっていないことが多く、かつ、取引債権者を巻き込む手続になりますので、従業員は不安定かつ取引債権者や顧客からの問合せが殺到する混乱のなかで、業務を継続しなければなりません。しかも、取引債権者や顧客に対して、すべてを弁護士が対応することは不可能ですので、個々

の従業員が法的再生手続について理解をし、その内容をきちんと取引債権者や顧客に説明できることが望ましいです。

　また、従業員のほとんどにとっては、法的再生手続と破産手続との違いも明確でないことが多いので、申立て前の給与も優先債権（一般優先債権）である旨の説明に加えて、従業員の今後の給与は共益債権として支払うことができること、さらにその支払方法等についても明確に説明し、不安を取り除く必要があります。

　そこで、従業員に対しては、申立て直後に一同に集まってもらって口頭での説明を行うとともに、法的再生手続についての一般的な説明書面、今後の給与等の支払についての説明書面、取引債権者や顧客への説明マニュアルなどを配布し、加えて、疑問点等を質問できる体制を構築することが重要です。

3.　事業承継方法による従業員の取扱いの違いについて

　スポンサーによる支援がなされる場合には、株式譲渡等で株主は代わるものの債務者会社がそのまま事業を継続する方法以外に、事業譲渡又は会社分割という方法で会社を変えて事業を継続することが一般的です。

　事業譲渡の場合、債務者会社とスポンサーとが、従業員全員の承継に合意していた場合でも、スポンサーに従業員が移転するには個別に従業員の同意が必要です。

　他方で、会社分割の場合、労働契約承継法に定められた一定の手続を行うことで、従業員の同意なく雇用契約を承継させることができます。ただし、スポンサーの下で業務を継続したくないと考える従業員は、雇用契約が承継されたとしても早期に退職してしまうことが予想されますので、承継に同意が必要かどうかにかかわらず、個別に面談するなどして、不安等を除去して、スポンサーの下で事業再生に協力してもらうことが重要です。

株式譲渡	事業譲渡	会社分割
会社が存続するので、従業員移転の必要なし	事業譲渡先に移転することについて、個別の従業員の同意が必要	労働契約承継法の手続を行い、個別の同意なく承継が必要（※）

※　会社に複数事業があり、そのうち一部の事業のみを会社分割するような場合、主に移転する事業に従事している従業員を移転させなかったり、主に別の事業に従事している従業員を移転させたりする場合には、当該従業員は異議を出すことができるとされている点には注意が必要です（労働契約承継法4、5）。

4. 事業再生に伴うリストラ

　従業員のリストラは、売上の低下などの事業規模の縮小や、残った従業員のモチベーションの低下、経営陣への不信感を助長することもあり、できるだけ避けたいものです。しかし、不採算部門の閉鎖や赤字店舗の閉店などによりリストラを余儀なくされる場合もあります。日本の法制度では従業員の地位は保護されていて解雇は認められにくいのですが、いわゆる整理解雇の場合は、以下のような4要件（要素）が必要とされています。

① 　人員整理の必要性

　　会社の経営状況からして従業員を解雇しなければならない必要性があるか。

② 　解雇回避努力の履行

　　解雇以外に、配置転換や出向、役員報酬の削減、希望退職者の募集などにより解雇を回避する経営努力がなされているか。

③ 　被解雇者選定の合理性

　　解雇する人選基準が合理的で、具体的な人選も合理的かつ公正に行われているか。

④ 　手続の妥当性

　　従業員や労働組合と協議・説明し、納得を得るための手続を行っているか。

したがって、事業再生を行うに当たって経営上の理由からリストラを実施する場合には、上記①から④までを慎重に検討した上で行う必要があります。

（犬塚）

Q33 経営者と株主の取扱いとその責任

 当社の事業再生手続において、金融機関から代表取締役だけでなくその他の役員全員が退任して経営者責任を果たすべきとの意見がなされていますが、取締役のうちの1人は当社事業の再生に必要です。代表取締役だけでなく、いわゆる平取締役であっても経営者責任を果たさなければならないのでしょうか。

また、株主としての責任も果たすようにとの意見も出されており、事業再生における株主責任の取り方についても教えてください。

 債務免除を求める事業再生においては、経営者が安易に債権放棄を求めることがないように、モラルハザードを防ぐ観点から、経営者が役員を退任することを求められることが多くあります。ただ、経営者としての関与が希薄な取締役については、継続する事業の必要性から役員責任が問われないケースもあります。

また、株主責任については、支配株主の権利を消滅させるだけでなく、増減資を実施して既存株主の地位を一部又は全部消滅させることが求められることが多くあります。さら

に、株主としての権利を喪失させないまでも、資金調達のための第三者割当増資などにより株主権が希薄化することで株主責任が果たされることもあります。

1. 経営者責任について

　債務免除を伴う事業再生の場合、安易に債務免除を求めることでモラルハザードが生じないように、その対策として経営者責任を果たすことが必要になります。そこで、原則としては、事業再生に至る経緯のなかで最も責任を果たすべき代表取締役については退任することが求められることが多いです。

　ただし、経営悪化の原因となった旧経営者は既に退任していて、新たな経営者による事業再生が行われるような場合には、当該新経営者まで退任する必要はないとされるケースもあります。さらに、平取締役など経営悪化についての責任が大きくない取締役は取締役に留まることもあります。特に中小企業における事業再生においては、代表取締役等の役員が当該会社の事業を最も熟知しており、再生に必要不可欠な技術や営業力を有していることから、代替する役員を選任することが困難なこともあります。また、スポンサーからも役員の地位に留まるよう要請がなされることもあります。このような場合は、代表取締役等の役員がその地位を維持することが事業価値を維持し、ひいては弁済を増大化させるために必要であることなどを対象債権者に説明して理解を得る必要があります。それでも、金融機関等の債権者からは経営者責任を果たすよう求められることはあり、その場合は、経営者責任の明確化を図る趣旨から、次のような手段を講じることはあります。

- ・　役員報酬の削減
- ・　私財提供

対象債権者に一定金額を第三者弁済することや会社に資金・資材を提供することで一定の経営者責任を果たすこともあります。

・ 株式の譲渡

経営者が当該会社の株式を有している場合には、その株式を売却等することがあります。

・ 債権放棄

債務者会社に対して有する貸付金や保証債務を履行した場合の求償権などを放棄することが求められます。これは、経営者が退任した場合でも同様です。

なお、中小企業版私的整理ガイドライン（Q10参照）では、事業再生計画案において経営責任の明確化を図る内容とするよう要請されています。

2. 株主責任

株主は、あくまで債権者に劣後するものであるにもかかわらず、債務免除を伴う事業再生がなされて株式価値が増大するという形で株主が利益を受けることは公平ではないと考えられ、また、経営者責任と同様に安易に債務免除を求めることでモラルハザードが生じないようにするために、株主責任を果たすことが求められます。また、そもそも、債務免除を伴う事業再生の場合には、債務超過に陥っていることが多いため、株式の実質的価値はないことから、100％減資等による株主責任を求めても株主には実質的には損失は生じないともいえます。

そこで事業再生の場合には株主責任を果たすことが必要になります。

一般的な株主責任の取り方は次のようなものになります。

・ 株式譲渡、増減資

株式譲渡や増減資により、既存保有株式をゼロにしたり、その持株割合を減少させて支配権を手放すことで、株主責任を果たすことがありま

す。
- 旧会社の清算

  事業譲渡や会社分割で新会社に事業を移転させる、いわゆる第二会社方式の場合、旧会社の株主は清算することでその地位が失われますので、そのような場合も株主責任を果たしたことになります。
- 第三者割当増資やDESによる持株割合の減少

  株式を手放すことはないものの、第三者割当増資を行う場合やDES（デット・エクイティ・スワップ、Q34参照）を行うことで、新たな株式が増加し、その結果、持株割合が減少して支配権を失い、また、1株当たりの株式価値が減少することも、株主責任を果たすことになります。

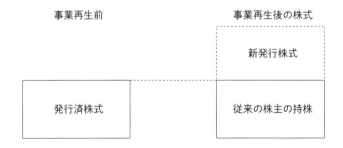

なお、中小企業版私的整理ガイドライン（Q10参照）では、事業再生計画案において、債務の減免等を要請する場合には、株主責任の明確化を図る内容とするよう規定されています。

(犬塚)

Q34 DES・DDS とは何か

Q 当社は、メインバンクから多額の借入れがあり、返済が資金繰りを圧迫しているため、メインバンクに相談したところ、DES や DDS による支援はできるといわれました。この DES や DDS による支援とはどのようなものでしょうか。また、そのメリット・デメリットを教えてください。

A DES とは、債務（Debt）を資本（Equity）に転換（Swap）する、つまり、既存の債務を株式に置き換える支援方法をいいます。過剰債務の削減が図られるため、財務内容が改善して金融機関の債務者区分が上位に改善し、利息の支払がなくなることで資金繰りの改善が見込まれるというメリットがあります。ただ、債権者が株主となるため経営に関与されることになり、また、株主への配当増などのデメリットもあります。

DDS とは、債務（Debt）を別の条件の債務（Debt）に転換（Swap）する支援方法をいい、一般的には、既存の貸付金を、他の債権がすべて支払い終わった後に支払われる劣後債権に変更する意味合いで用いられます。DDS は必ずしも財務内容の改善を伴うものではありませんが、劣後債権とな

ることで返済が後倒しになったり、金利が下げられるなどの
効果があります。また、一定の基準を満たす DDS は資本と
みなすことができるとされ、その場合には実質的に債務超過
が解消されるというメリットがあります。他方で、資本化さ
れない DDS の場合は財務内容に与える効果は限定的で、ま
た、特定の財務指標を一定数値以上に維持しなければ、優遇
措置が取り消されるなどの特約（コベナンツ）が課されるこ
とがあるというデメリットがあります。

1. DES について

　DES とは、債務（Debt）を資本（Equity）に転換（Swap）する、つまり、
既存の債務を株式に置き換える支援方法をいいます。例えば、資産 10 億円、
負債 12 億円の会社は 2 億円の債務超過に陥っていますが、負債 2 億円を資
本に転換すると、資産 10 億円、負債 10 億円となり、債務超過状態から脱
することができます。

　これを貸借対照表で示すと以下のようになります。

DES実行前	
資産10億	負債12億
	資本金 1 億 欠損金▲ 3 億
計10億円	計10億円

▲ 2 億円の債務超過

負債 2 億円を
資本 2 億円に転換

DES実行後	
資産10億	負債10億
	資本金 3 億 欠損金▲ 3 億
計10億円	計10億円

債務超過解消

　このように DES を行うことで、債務超過が解消されます。その結果、よ
り融資が受けられやすい財務内容となりますし、有利子負債が減少するため
支払う利息が減少し資金繰りが改善します。

もっとも、資本に転換するということはその債権者が株式を有することになりますので、議決権を有する普通株の場合には経営への介入を認めなければなりません。経営への介入を排除するために議決権を制限する場合には優先株式となるため他の株主よりも優先して配当を行わなければなりません。

そして、資本金が増大するため、法人住民税の均等割等の資本金の額によって得られるメリットが減少し、DES 実行後に事業が再生した際には一定額の株式配当を求められることもあります。

他方で、DES を行う債権者側から見ると、配当収入やキャピタルゲイン（株式売却による利益）が得られるなどのメリットはありますが、事業再生の場合は配当可能な程度まで業績が上がるかどうかについて見通しが明らかでない上に、未上場株式の場合には業績が上向いたとしても株式を換価して投資額の回収を行うこと自体困難な場合もあります。

2. DDS について

DDS とは、債務（Debt）を別の条件の債務（Debt）に転換（Swap）する支援方法をいい、一般的には、既存の貸付金を他の債権よりも劣後（他の債権をすべて支払い終わった後にのみ弁済を受けられることをいいます。）する債権に変更する意味合いで用いられます。

DES と異なって、債務（Debt）は転換されて劣後化しても債務（Debt）であるため、財務内容について改善がされることはありません。ただ、劣後化することで、支払が後倒しになったり、金利が下げられたりするなどの条件変更が行われるため、それによる資金繰りにおけるメリットがあります。また、一定の条件（既に廃止されていますが「金融検査マニュアル」を参照してください。）を満たせば、劣後債権部分を資本とみなすことができ、そうすることで実質的に債務超過状態を解消することができます。

他方で、DDS を行う債権者側から見ると、劣後化されているとはいえ、

債権が残るため資本化するよりも回収可能性を残している場合が多く、資本性を認められれば実質的に債務超過状態が解消されるため金融機関における債務者区分の上位遷移が可能になります。

〈DES と DDS の比較〉

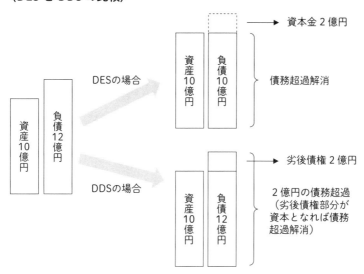

（犬塚）

Q35 保証人の保証債務への対応

Q 私は代表取締役として金融機関からの借入れについて連帯保証をしています。会社の借入れについて債務免除を受けると、債務免除を受けた部分について、私に請求が来ると聞きました。このような保証債務には、どのように対応すればよいでしょうか。また、私には、住宅ローンの抵当権がついている自宅があるのですが、これも手放さないといけないのでしょうか。

A 経営者の保証債務が多額に及ぶ場合、経営者個人として金融機関等に保証債務の免除を申し入れることになります。その方法としては、法的整理手続と私的整理手続があります。法的整理手続のなかの破産手続の場合、自宅は処分されてしまうことになりますが、民事再生手続の場合は、自宅を残したままで住宅ローン債権については継続することができる可能性があります。他方で、私的整理手続の場合は、経営者保証ガイドラインを用いて、金融機関との間で自宅を残すよう交渉をすることができます。

保証債務については、経営者個人の債務は金融機関の保証債務のみで私的整理が可能かどうか、法的整理手続になると

して住宅ローンを払い続けることができる継続的な収入があるかどうかなどを検討して、どのような手続を選択すべきかを考えることになります。

　債務者企業が、金融機関から借入れを行う場合、ほとんどのケースで、経営者の個人保証を付けることが要求されます。そこで、債務者企業が、債務免除を伴う事業再生を行う場合には、その債務免除額部分について、経営者個人に支払うよう請求されることになりますが、ほとんどの場合、経営者個人が自身の資産をもってその全額を支払うことはできません。

　そこで、経営者個人においても、何らかの方法で債務整理が必要になります。以下では、経営者保証においてよく用いられる債務処理の方法を説明します。

1. 法的整理手続

　金融機関からの保証だけでなく、取引債権者に保証していたり、保証債務だけでなく個人でカードローン等の借入れがあって私的整理手続での解決が難しい場合には、法的整理手続による債務処理を行います。法的整理手続には、破産手続、民事再生手続がありますが、いずれも信用情報に掲載されてしまうというデメリットがあります。

(1) 破産手続

　経営者の資産が乏しく、また、今後継続して支払ができるような収入もない場合には、破産手続を選択せざるを得ないことになります。

　破産手続の場合は手元に残せる資産は原則として99万円（これを「自由財産」といいます。）で、その他の価値がある資産（不動産、車両、保険の

解約返戻金や株など）はすべて処分され、お金に換えて、債権者に配当されることになります。

　破産手続は、自由財産を限度としてしか手元に残せないこと以外にも、破産手続中は郵便物が管財人に転送される、引越しや旅行に許可が必要である、免責不許可事由（破産法252①各号）がある場合には免責がなされない可能性があるなどのデメリットがあるため、申立てを行う場合はこれらについても十分検討、理解しておく必要があります。

(2)　民事再生手続

　民事再生手続のなかには、通常の民事再生手続と、個人再生手続（小規模個人再生、給与所得者等再生手続）があります。

　再生手続では、清算配当率（Q29参照）を超える金額を再生債権者へ弁済しなければならないのですが、再生計画案に対して債権者の一定の同意（債権者数の過半数、かつ、債権額の半分以上）があれば長期分割が可能です。また、個人の住宅ローンについては、特例が定められていて、住宅ローン債権を分割で返済し続けることができ、かかる特例が使える場合には自宅を残すことができます。ただ、ここでの特例は住宅ローンについてのものであり、事業資金等の借入れに自宅に抵当権を付けている場合はこの例外には該当しませんので、自宅の売却等の処理が必要になります。

　いくら債権者に弁済しなければならないのかという点については、通常の民事再生手続の場合は、債権者の合意を得られる合理的な金額を定めることになりますが、個人再生手続の場合は一定の基準が定められています。

　個人再生手続は、通常の民事再生手続よりも、手続が簡便である等のメリットがあるのですが、債務額が5,000万円以下の場合しか用いることができません。事業再生の場合には保証債務額が多額になることが多く、個人再生手続を用いることは難しい場合が多いと思います。

2. 私的整理手続

　法的整理手続の場合は、手元に残すことができる金額が少なく、また、信用情報に掲載されてしまうため、今後の生活が不便になってしまいます。

　そこで、金融機関への保証債務がほとんどである場合には、私的整理手続による解決が可能かどうかを検討することになります。特に、債務者企業が、私的整理手続による場合には、債務者企業と一体として同じ手続内で債務処理することが可能ですので、手続としても簡便です。

　私的整理手続においては、経営者の金融機関に対する保証債務について、全国銀行協会と日本商工会議所が事務局となったガイドライン検討委員会にて策定された、保証債務に関する金融機関における自主ルール（ガイドライン）である経営者保証ガイドラインを用いることができ、かかるガイドラインに基づいて、信用情報に記載されずに、自宅を含む一定の資産を手元に残すことが可能です（Q36 参照）。

　ただ、債務者企業の私的整理手続と同様に、債権者全員の同意が必要になります。全員の同意が得られない場合には、民事再生手続を選択するか、債権者が積極的に同意はしないが声を上げて反対はしないという場合は特定調停手続を用いることも有用です。

3. 各手続の特徴

	破産手続	民事再生手続	私的整理手続
メリット	・すべての負債を一律的に処理できる。 ・債権者の同意は不要。 ・比較的短期間（3か月程度）で手続が終了する場合もある（ただし、資産の売却に時間がかかったり、免責等に問題がある場合などは1年を超えることもある。）。	・一定金額を支払うことですべての負債を一律的に処理できる。 ・債権者の過半数、債権額の半分以上の同意のみで足りる。 ・住宅ローンを支払い続けることで自宅を残すことができる。	・経営者保証ガイドラインを用いて、自由財産以上の金額を手元に残すことが可能。 ・信用情報に記載されない。
デメリット	・原則として、99万円までしか手元に残せない。 ・信用情報に記載される。 ・破産手続中は郵便物が転送されるなどの一定の制限がある。 ・免責不許可事由がある場合には免責がなされない可能性がある。	・信用情報に記載される。 ・住宅ローン以外の金融負債に抵当権が付いている自宅は売却されてしまう。 ・手続に約半年かかり、財産評定等がやや煩雑（個人再生手続では簡略化されているが、負債額が5,000万円以上の場合は適用されない。）。	・金融債権者全員の同意が必要。 ・保証債務以外は経営者保証ガイドラインが適用されず、債務免除は難しいことが多い。

（犬塚）

Q36 経営者保証ガイドラインの活用

Q 私は代表取締役として金融機関からの借入れについて連帯保証をしています。私は、資産といえば自宅の不動産と、若干の貯金くらいしかなく、また、事業再生後の会社には関与せず、年齢的にも次の職を探すことが難しいため、今後の収入は年金くらいです。自宅の不動産は、会社で事業資金を借りるために抵当権をつけています。

このように、ほとんど資産がなく保証債務について返済を求められても返すことができません。また自宅を売却したり、預貯金を返済に充てるとなると、今後の生活が苦しくなります。

預貯金を残したり、自宅を残したりする方法がないでしょうか。

A 経営者保証ガイドラインを用いた私的整理においては、一定の条件下で、破産手続の場合に手元に残すことができる資産（原則として99万円で、これを「自由財産」といいます。）を超えた金額や自宅（これを「残存資産」といいます。）を残しつつ、保証債務の免除を受けることができます。

このような残存資産は、破産手続などと比較して、債務者

> 会社が事業再生を行うことで、金融機関への弁済額が増えた
> ことが必要で、増加分を上限とした資産しか残すことができ
> ません。また、自由財産を超える残存資産を残す場合には、
> 債務者会社の事業再生の手続が終了する前に、経営者の保証
> 債務の債務処理手続を開始する必要がありますので、この点
> にも注意が必要です。

1. 経営者保証ガイドラインの概要

　経営者保証に関するガイドライン（以下、「経営者保証 GL」といいます。）
は、全国銀行協会と日本商工会議所が事務局となったガイドライン研究会に
て策定された金融機関における自主ルール（ガイドライン）です。自主ルー
ルではありますが、金融庁や中小企業庁がこのガイドラインを推進している
ため、金融機関にとっては一定の準則としての効力を有しています。

　このガイドラインは、①会社に対する融資において経営者の個人保証に頼
らず、担保等の他の保全措置を検討しなければならないこと（経営者保証
GL 5 項）、②保証債務が不適切な内容である場合には是正すること（経営者
保証 GL 6 項）、③保証履行を求める場合に一定の範囲の資産を手元に残した
上で保証債務の免除を行うこと（経営者保証 GL 7 項）などを規定しており、
事業再生の場合には③が問題となります。

　まず、経営者保証 GL によって、私的整理手続において、一定の要件の下で、
自由財産を残した上で保証の免除を受けることができ、さらに自由財産に加
えて後述する残存資産を残すよう金融機関と交渉することができます。この
経営者保証 GL に基づいて債務免除を受けるには、

- 主たる債務者及び保証人が弁済に弁済について誠実であること

- 適時適切な情報開示をしていること（経営者保証 GL 7 項(1)イ・同 3 項）

- 主たる債務者が債務整理手続を行っていること（経営者保証 GL 7 項(1)ロ）
- 債権者に経済合理性が認められること（経済合理性の内容については Q29 参照、経営者保証 GL 7 項(1)ハ）
- 保証人に破産法 252 ①各号（ただし 10 号を除く）規定の免責不許可事由が生じていないこと（経営者保証 GL 7 項(1)ニ）。
- 保証人の資力に関する情報を誠実に開示し、表明保証すること（経営者保証 GL 7 項(3)⑤）。

などが必要です。

　また、このガイドラインは、かかるガイドラインに基づいて債務整理を行った保証人について、信用情報に登録しないこととされています（経営者保証 GL 8 項(5)）。

2. 残存資産の範囲

　経営者保証 GL は、破産手続における自由財産を超えて、保証人が手元に残すことができる残存資産を認めています（経営者保証 GL 7 項(3) ③）。これは、早期、適切な事業再生の着手を決断した経営者たる保証人に認められるインセンティブ（動機付け）とするためのもので、自由財産を超えた部分の残存資産をインセンティブ資産ということもあります。

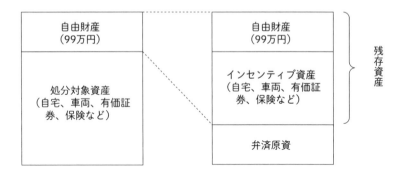

　経営者保証GLに基づく債務整理手続は、私的整理手続ですので、残存資産をいくらにするかという点については、各債権者との交渉、説明、同意が必要になるのですが、同GLにおいて考え方が示されています。

　まず、債務者会社が破産する場合の配当額と事業再生を行った場合の弁済額の差額が残存資産の上限になります。例えば、破産した場合だと1,000万円しか配当することができないが、事業再生手続においてスポンサーが決まり、その支援額によって5,000万円を弁済することができた場合は、その差額である4,000万円が残存資産の範囲となります。

　次に、残存資産の範囲が決まったとしてもその全額が残存資産として認められるわけではなく、その資産を残すための必要性を検討します。例えば、生活費のために現預金を残したい、持病を抱えており又は高齢のため満足に就労できない、長期にわたって居住してきた住居であるなどが挙げられます。この点、生活費については、経営者保証GLのQ&Aで、1か月の生計費の額と一定期間の目安が定められています（例えば、1か月の生計費は33万円、期間について30歳未満は180日。経営者保証GL Q&A Q7-14参照）。ただ、これは目安ですので、病気等の特別な必要性があればこれを超える生計費が認められることも珍しくありません。

　さらに、重要なことは、このインセンティブ資産は、債務者企業の事業再

生手続が終了する（金融機関等の合意が形成される、再生計画案の認可決定がなされるなど）までに、金融機関に対して、経営者保証 GL に基づく債務整理を行うことを申し出ることが要件になっています。これを超えると、経営者保証 GL を用いても、自由財産の範囲内でしか残存資産が認められないことになります（経営者保証 GL7 項(3)③、Q&A Q7 − 21）。

3. 残存資産を超える自宅の処理

　自宅等の資産が残存資産として認められない場合には、これを売却して弁済に充てることになりますが、経営者保証 GL では、その自宅等の資産の公正な価額を原則 5 年以内の分割で弁済することも認めています（経営者保証GL 7 項(3)⑤ 8 参照）。

　したがって、残存資産の範囲が狭い場合など自宅等の資産を残存資産としては残せない場合でも、「公正な価額」の金額次第では、原則 5 年間で分割して弁済を行うことで、自宅を手元に残すことができます。

　ただし、自宅が住宅ローン、その他金融機関の担保に入っている場合は、当該担保権者との間での交渉が必要で、担保している範囲以上に債務が免除されることはありません。この場合は、当該担保権者との間で分割弁済の合意を締結するか、親戚等の第三者に任意売却した上で当該第三者から借り受けて住み続けるなどの方法を用いることになります。

4. 経営者保証 GL を用いた債務整理の手続

　経営者保証 GL を用いた債務整理は、一般的には以下のような手順で進んでいきます（ただし、各私的整理手続で手順が異なるところもありますので、確認が必要です。）。

（1）　一時停止等の要請

　まず、経営者保証 GL に従い保証債務の整理の申出をするに当たって、保証人と弁護士等の支援専門家が連名した書面により、原則として、すべての債権者に同時に、個別の権利行使の一時停止や返済猶予を求める要請（これを「一時停止等の要請」といいます。）を行います（経営者保証 GL 7 項(3)①）。一時停止等の要請は、保証債務整理手続の開始を意味するだけでなく、弁済計画を策定する際の保証人財産の状況の基準日でもありますので（経営者保証 GL 7 項(3)④イ b）、どのタイミングで送付するか慎重な検討が必要です。

（2）　保証人の財産状況の開示と弁済計画の策定

　一時停止等の要請を行い、各保証債権者に経営者保証 GL に基づく債務整理手続を行うことを示した後、その要請日等を基準日として、保証人の財産状況を調査し、これを保証債務者に開示することになります。

　また、その財産状況のなかで、残存資産を除く、弁済原資を確定し、それをどのように保証債権者に弁済するかを定めた弁済計画を定めます。

（3）　財産状況、弁済計画の説明、交渉

　財産状況については、保証債権者からその根拠資料を求められる場合もあるため、各債権者個別の要望に応じて、適切な資料開示を行います。

　また、弁済計画についても、各債権者から質問等がなされ、特に残存資産の範囲については様々な考え方があるので、残存資産とする必要性などについてその根拠資料等を開示しつつ、交渉を行い、すべての債権者から同意を得られる弁済計画としていきます。

（4）　弁済計画についての各債権者からの同意等

　そして、各私的整理手続の手順に基づいて、各債権者からの同意を得、弁

済計画に基づく弁済を行って、保証債務免除を得ることになります。

（犬塚）

Q37 「廃業時における『経営者保証に関するガイドライン』の基本的考え方」の活用

　会社を廃業せざるを得ない状態となりました。ただ、取引先にはあまり迷惑をかけたくありませんので、どうにか取引先を巻き込まずに債務整理をしたいと考えています。そして、代表取締役である私は、会社の金融機関からの借入について連帯保証しているのですが、今後、知人の仕事を手伝いながら、再び起業しようと考えております。そのため、自己破産はしたくありません。どのような方法を取るのがよいでしょうか。

　破産手続や民事再生手続などの法的整理手続は、取引債権者を含むすべての債権者が対象となりますので、取引先を巻き込みたくないという場合には、私的整理手続を用いて金融機関のみを対象債権者とした債務整理を行うことになります。そして、代表取締役である保証人については、保証債務の支払を行う必要がありますが、支払ができない場合でも、自己破産せず、経営者保証に関するガイドラインによる債務整理を行うことにより、信用情報に掲載されることを回避して、再起を図る方法を取るのが望ましいと思われます。

1. 会社廃業時における経営者保証に関するガイドラインの活用について

　経営者保証ガイドライン（以下、「経営者保証 GL」といいます。概要については Q36 を参照してください。）の運用開始後においても、会社が破産手続その他の方法を用いて廃業する場合に代表取締役などの経営者の保証債務の整理に経営者保証 GL が活用されることが少ないと指摘されていました。会社が廃業し、債務の全てを返済できない場合には、保証債務者である経営者は破産手続を用いて債務整理を行うという考え方が一般的になっていたからです。

　しかし、会社が廃業する場合に、保証人である経営者が自己破産することを避けられないとすると中小企業の経営者にとって事業再生等の早期決断の妨げになりかねませんし、経営者の再出発も阻害してしまいます。

　そこで、会社廃業時に、保証人である経営者が破産を回避できるよう、経営者保証 GL の保証債務整理における主たる債務者（廃業する会社）・保証人、対象債権者（金融機関）及び弁護士等の支援専門家に求められている対応を明確化するため、令和 4 年（2022 年）3 月、全国銀行協会と日本商工会議所を事務局とする経営者保証に関するガイドライン研究会により、「廃業時における『経営者保証ガイドライン』の基本的な考え方」（以下、「廃業時の考え方」といいます。）が策定されました（令和 5 年（2023 年）11 月に一部改定されています。改定後の廃業時の考え方については、全国銀行協会又は日本商工会議所の WEB ページにて公開されています。）。

2.「廃業時における『経営者保証ガイドライン』の基本的な考え方」の内容

(1) 対象債権者の範囲とゼロ円弁済の許容の明確化
ア 対象債権者の範囲について

　まず、経営者保証 GL の対象債権者については、リース債権者が対象債権者に含まれるかどうか明確な規定はありませんでしたが、会社が廃業する場合、事業に使用しているリース資産はリース債権者に返還するなどして処分することとなり、経営者はリース契約についての保証債務の支払を求められることが多いと思われます。そこで、廃業時の考え方では、リース債権者も経営者保証 GL の対象債権者になり得ること、保証債務の整理に関する協議を求められた場合には経営者保証 GL に基づく対象債権者として協議に参加することが強く求められる旨が明記されています。

　また、経営者個人の債権者は、保証債権者ではありませんが、廃業時の考え方では、そのような債権者も債務整理に関する協議を求められた場合は誠実に対応することが望ましいと規定されています。

　このように、経営者保証 GL では必ずしも明確でなかった対象債権者の範囲について、廃業時の考え方では明確になっており、会社廃業時においてはこの考え方を前提に対象債権者について検討することができます。

イ ゼロ円弁済の許容の明確化

　特に会社廃業時における経営者は、個人資産の大半を事業に用いていたり、役員報酬を得られていないなど、自由財産（99 万円以下の資産）を超える資産がなく、弁済すること自体が困難な場合も多いと思われます。

　経営者保証 GL は、「主たる債務及び保証債務の破産手続による配当よりも多くの回収を得られる見込みがあるなど、対象債権者にとっても経済的な合理性が期待できること」（経済的合理性の考え方については Q43 参照）と規定されているところ、破産手続による配当もゼロ円で、経営者保証 GL を

用いた弁済もゼロ円の場合に、経済的合理性を満たすかどうか疑義がありました。そこで、廃業時の考え方においては、保証人の資産状況によっては、弁済する金額がない弁済計画（ゼロ円弁済といいます。）も認められることを明確にしています。

経営者において、自由財産程度の資産しかない場合は、インセンティブ資産がないため、経営者保証GLを用いるメリットは大きくないと思われがちですが、経営者保証GLに基づく債務整理には「信用情報に掲載されない」という重要なメリットがあります。ゼロ円弁済が許容されることが明確化されたことで、経営者保証GLを用いて、弁済のための支出を必要とせずに、再出発することができる可能性があります。

(2)　主たる債務者（廃業する会社）と保証人の対応

経営者保証GLは、あくまで私的整理の手続であり、経営者には、廃業に至る経緯等において誠実な対応が求められます。廃業時の考え方においては、廃業の検討に至った場合には直ちに対象債権者に申し出るとともに支援専門家に相談すること、従業員・取引先を含めた地域経済への影響を踏まえ迅速かつ誠実に対応すること、事業の売却先を検討するなど地域の雇用を守るための取組みについて検討を行うことなどが明確化されています。

廃業する会社や経営者たる保証人においては、この考え方に基づき、可能な限り、必要な対応を取ることが望まれます。

(3)　弁護士等の支援専門家の対応

弁護士を含む支援専門家は、会社から廃業の相談を受ける際に、会社及び経営者個人に対し、安易に破産手続を勧めるのではなく、主たる債務者の経営状況や事業売却の可能性、対象債権者との協議状況、経済合理性の有無などを考慮したうえで、債務整理の方法を検討する必要があります。

特に、経営者に保証債権者の他に、経営者個人固有の債権者がいる場合に

は、経営者保証 GL の活用を諦めるケースが多かろうと思います。この点について、廃業時の考え方においては、支援専門家の対応として、①保証人の固有債務が過大で、保証人の弁済計画の履行に重大な影響を及ぼすおそれのある固有債権者については対象債権者に含めることができることを踏まえて対象債権者の範囲を検討すること、②保証人に、基準日（一時停止等の要請を行った時）以降に生じる収入を固有債務に対する返済原資とする個別の和解を検討すべきことが規定されています。支援専門家においては、かかる規定を考慮のうえ、経営者保証 GL の活用ができないか十分な検討が必要です。

3. まとめ

以上のとおり、会社廃業時における経営者保証 GL の適用について、廃業時の考え方により明確化されています。金融機関等の対象債権者は最大限これを遵守する必要がありますし、経営者や支援専門家においても、同考え方の趣旨を十分に理解して、経営者保証 GL を活用することが望まれます。

（犬塚）

| Column |

時代的背景による事業再生手続の変容

　企業の事業再生に関して、私的整理や法的整理、さらに私的整理において
も様々な手法があります（詳細はＱ8参照）。どうしてこんなに沢山の種類
があるのでしょうか。それは、現在に至るまでの時代的な背景に適した内容
のものが生まれた経過があるからです。

　1990年前半にバブル経済がはじけ、その結果、1997年には山一証券、
北海道拓殖銀行、三洋証券が破綻し、その後、金融機関に公的資金が投入
される金融危機が到来しました。多くの大企業が倒産する中で、多くの中
小企業も倒産の危機に陥ったことから、中小企業の事業再生の手続として、
2000年に民事再生手続が始まりました。2000年代は民事再生（法的手続）
が事業再生の主流でした。

　その後、2008年にリーマンショックが起こり、多くの中小企業が再び倒
産の危機に陥ったため、政府は地域経済活性化支援機構の前身の企業再生支
援機構を立ち上げて、私的整理により中規模企業の再生支援を行う手法を整
備しました。また、金融円滑化法を制定して、金融機関の返済を猶予させる
政策を実施したのですが、その弊害として、中小企業の事業再生が進まず、
逆に事業劣化が進み、多くの中小企業は、民事再生等の法的手続では対応で
きない状況に至ってしまったため、政府は中小企業再生支援協議会（当時）
の適用範囲を広げることで私的整理による対応を一層進めました。

　このような事情により、現在の中小企業の事業再生は、中小企業活性化協
議会などの私的整理が中心となっています。2013年には小規模な企業の私
的整理として、日本弁護士連合会が特定調停の利用スキームを発表し、同時
期に、私的整理によって保証債務処理を行う「経営者保証ガイドライン」が
発表されました。

　さらには2020年に新型コロナウイルス禍が発生し、中小企業は再び苦し
い経営状況に陥ったことから、より広範囲の中小企業の再生及び廃業支援の
ため中小企業版私的整理ガイドラインが2022年に策定され、利用されてい
ます。これら様々な事業再生手続の中から、専門家に早期に相談して、一番
ニーズにあった手続を選択することが重要となります。

（髙井）

第3章

事業再生の会計

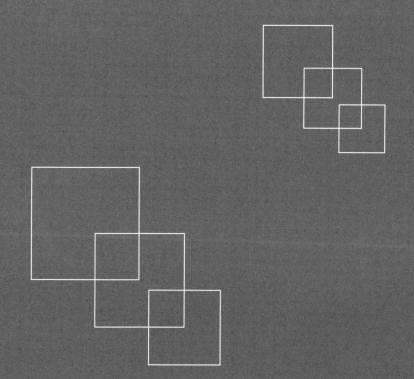

184 第3章 事業再生の会計

Q38 事業再生手続による会計処理や決算期の相違

Q 事業再生手続が開始されると、財産評定により簿価を修正し、決算期も変更になる場合があると聞きました。会計処理や決算期はどのように変わるのでしょうか、教えてください。

A 会社更生手続の場合は、財産評定により簿価を修正し、決算期も変更になりますが、他の手続ではそのような規定はないので、従前の会計処理、決算期が継続されます。

　事業再生手続といっても、会社更生手続や民事再生手続のような裁判所が関与する法的手続、事業再生 ADR や中小企業活性化協議会など裁判所が関与しない私的整理手続があり、手続によって会計処理や決算期は相違します。

　手続の詳細は Q8〜17 を参照してください。

1. 会計処理

〈手続による会計処理、決算期〉

手続名	会計処理	事業年度
会社更生手続	評価損益はオンバランスする	変更する
民事再生手続	原則、評価損益はオフバランス。評価損のみオンバランス処理することもあり	変更しない
私的整理手続		

(1) 会社更生手続

　会社更生手続には財産評定と呼ばれる手続があり、所有するすべての資産を時価で評価するとともに、簿価を当該評定額に修正します。

　税務上も、評定額に修正する際に発生する評価損と評価益は損金・益金として認められます。

(2) 民事再生手続

　民事再生手続にも財産評定はありますが、会社更生手続と違い評定基準は処分価値です。その理由は処分価値、すなわち破産時の評価による弁済率（処分価値による弁済率）と民事再生手続による弁済率の両方を示すことにより、民事再生手続の経済合理性（有利性）を説明するためです。したがって、民事再生手続においては簿価の修正は想定していませんが、含み損がある資産については、評価損を計上するのが通例です。

　税務上も民事再生手続の開始決定があると評価損の計上が認められます。

　なお、評価損だけでなく評価益も計上する方法もありますが、詳細は Q61 を参照ください。

(3) 私的整理手続

　一括りに私的整理手続といっても、事業再生 ADR（注 1）や中小企業活性

186　第3章　事業再生の会計

化協議会（注2）のような準則型手続（注3）とそうでない手続では相違します。

　準則型私的整理手続の場合は手続の開始に際し、時価により実態貸借対照表を作成するとともに簿価を時価に修正します。なお、会社法上・企業会計上、評価益の計上は認められないため、帳簿上はオフバランス処理とします。

　税務上も、一定の要件を満たす準則型私的整理の場合は、評価損益の計上が認められます。税務の詳細はQ61を参照ください。

　準則型でない手続の場合は、決められた処理があるわけでないので、ケースバイケースで対応することになります。

（注1）　事業再生ADRは、ADR手続の一種であり、「過剰債務に悩む企業」の問題を解決するため、産業競争力強化法に規定された制度です。事業再生ADR手続の利用目的は、事業価値の著しい毀損によって再建に支障が生じないよう会社更生法や民事再生法などの法的手続によらずに、債権者と債務者の合意に基づき、債務（主として金融債務）について、猶予・減免等をすることにより、経営困難な状況にある企業を再建することです。

（注2）　中小企業活性化協議会とは、中小企業の事業再生に向けた取り組みを支援する「国の公的機関」（経済産業省委託事業）です。産業競争力強化法に基づき、各都道府県に設置されています。ちなみに、東京では、東京商工会議所が受託・運営しています。

（注3）　私的整理手続は裁判外での手続ですが、関係者に対する透明性や公平性を確保するため、準則・ルールが定められている場合があります。準則型の私的整理手続としては、私的整理に関するガイドライン、事業再生ADR、地域経済活性化支援機構（REVIC）による再生支援手続、中小企業活性化協議会による再生支援手続などがあります。

2.　事業年度

（1）　会社更生手続

　会社更生手続の開始決定があると、その日をもって事業年度が区切られま

す。その理由は、会社更生は同一人格内であっても、フレッシュスタート（事業の承継）を擬制するためと言われています。

(2) 民事再生手続、私的整理手続

　手続の開始によって事業年度は変わらないので、従前の事業年度が継続することになります。

　もし、フレッシュスタートを希望する場合は、定款上の事業年度を変更する方法があります。

(例)

従前：3月期

変更：民事再生の開始決定が5月末にされたのを機に、5月期に定款上の事業年度を変更

（植木）

188　第 3 章　事業再生の会計

Q39 事業再生手続と負債の部の表示

Q 　民事再生手続の開始決定を受け、債権者から再生債権の届出を受けています。決算書上、負債の部の勘定科目名は、再生手続上の名称に変更すべきなのでしょうか。

....

A 　民事再生手続の開始決定を受けたとしても、従前どおりの負債科目表示で構いません。他方、民事再生法に規定する負債の優先劣後に基づいて勘定科目を表示することも可能です。

　会社は、会社法により、計算書類（決算書）の作成義務が課されていますが（会社法 435 ②）、具体的な計算書類の作成ルールは、会社法に直接の規定はなく、企業会計原則等の一般に公正妥当と認められる企業会計の慣行に従うこととされています（会社法 431）。

　企業会計のバイブルである"企業会計原則"によれば、負債は「流動負債に属する負債と固定負債に属する負債とに区別しなければならない」とされていて、勘定科目は流動性配列を原則としています（企業会計原則第三貸借対照表原則　四貸借対照表科目の分類(2)負債）。

　また、中小企業における会計基準に相当する"中小企業会計指針"（注）によれば、「貸借対照表及び損益計算書並びに株主資本等変動計算書の例は、下記のとおりである。ただし、項目の名称については一般的なものを示して

〈貸借対照表の例示〉

貸借対照表（令和××年×月×日現在）			
資産の部		負債の部	
流動資産		流動負債	
現金及び預金	×××	支払手形	×××
受取手形	×××	買掛金	×××
売掛金	×××	短期借入金	×××
有価証券	×××	未払金	×××
商品及び製品	×××	リース債務	×××
短期貸付金	×××	未払法人税等	×××
前払費用	×××	賞与引当金	×××
繰延税金資産	×××	繰延税金負債	×××
その他	×××	その他	×××
貸倒引当金	△××	流動負債合計	×××
流動資産合計	×××	固定負債	
固定資産		社債	×××
（有形固定資産）		長期借入金	×××
建物	×××	リース債務	×××
構築物	×××	退職給付引当金	×××
機械及び装置	×××	繰延税金負債	×××
工具、器具及び備品	×××	その他	×××
リース資産	×××	固定負債合計	×××
土地	×××	負債合計	×××
建設仮勘定	×××	純資産の部	
その他	×××	株主資本	
（無形固定資産）		資本金	A
ソフトウェア	×××	資本剰余金	
のれん	×××	資本準備金	B
その他	×××	その他資本剰余金	C
（投資その他の資産）		資本剰余金合計	D
関係会社株式	×××	利益剰余金	
投資有価証券	×××	利益準備金	E
出資金	×××	その他利益剰余金	×××
長期貸付金	×××	××積立金	F
長期前払費用	×××	繰越利益剰余金	G
繰延税金資産	×××	利益剰余金合計	H
その他	×××	自己株式	△I
貸倒引当金	△××	株主資本合計	J
固定資産合計	×××	評価・換算差額等	
繰延資産	×××	その他有価証券評価差額金	K
		評価・換算差額等合計	L
		新株予約権	M
		純資産合計	N
資産合計	×××	負債・純資産合計	×××

おり、企業の実態に応じてより適切に表示すると判断される場合には、項目の名称の変更又は項目の追加を妨げるものではない。」（89項、貸借対照表及び損益計算書並びに株主資本等変動計算書の例示）とされていて、同じく流動性配列を原則としています。

民事再生手続の開始決定を受けたとしても、民事再生法自体に計算書類に関する別段の規定があるわけではないので、従前どおり流動性配列法により勘定科目表示するのが通例です。

しかしながら、民事再生手続においては、負債は民事再生法に規定する優先劣後の関係に基づいて弁済を行うため、債権者に対する情報提供の意味において、優先劣後の関係を示した勘定科目表示にて行うことも許容されるものと考えます。

なお、会社更生、破産、特別清算の場合も同様です。

〈準拠法による負債表示の例〉

会社法・企業会計	民事再生手続	破産手続
流動負債 固定負債	別除権 優先債権 再生債権 共益債権	別除権 優先債権 破産債権 財団債権

（注）　中小企業会計指針とは、中小企業が資金調達先の多様化や取引先の拡大等も見据えて、会計の質の向上を図る取組みを促進するため、日本商工会議所、日本税理士会連合会、日本公認会計士協会、企業会計基準委員会の4団体が、平成17年8月1日に公表し、定期的に改正している中小企業が従うべき会計の指針である。

（植木）

Q40 過年度の会計処理の修正

Q　事業再生に当たり会社の決算書を確認したところ、遊休となっている固定資産や滞留在庫が多数存在していることがわかりました。どのように処理すべきでしょうか。

A　再生時には会社の財務や収益力の状況を適切に把握する必要があり、過去の会計処理の誤りがある場合には修正します。中小企業においては、過去の会計処理誤りを特別損益項目（前期損益修正）として処理することが一般的ですが、過年度遡及会計基準を適用し過去の決算書を修正することが有用な場合もあります。

　再生時には会社の財務や収益力の状況を適切に把握する必要がありますが、この過程で過去の会計処理の誤りが識別されるケースがあります。

　過去の会計処理誤りは、過年度遡及会計基準により、過去の決算情報の修正が求められていますが、中小企業においては当該基準の適用が任意となっていることから前期損益修正として当期の損益として処理されることが一般的です。

　しかし、事業再生の局面では事業が窮境するに至った要因や各時点の適切な財務情報や正常な収益力を把握することが重要となることから、過年度遡

192　第3章　事業再生の会計

及会計基準を適用し、各時点の決算情報を適切に修正することが有用と考えられます。

　例えば、遊休となっている減価償却資産がある場合、遊休状態にもかかわらず毎期減価償却が実施されていれば、各期の売上原価や販売費及び一般管理費にこの減価償却費が含まれることとなり、会社の実際の収益力が把握できなくなります。また、資産性がなく損失として処理すべき資産がそのままとなっていれば、その分純資産が過大となることから、各時点の財務情報も適切に把握することが困難となります。

〈よくある事例〉

勘定科目	内容
売上債権	・回収の見込みがない債権に対し適切な引当がなされずに放置されているケース
棚卸資産	・正常な販売サイクルから外れ滞留となっている在庫が取得価額のまま計上されているケース
有形・無形固定資産	・遊休となっている固定資産が減損処理されずそのままの取得価額で計上されているケース ・事業と関連性のない減価償却資産の減価償却費が売上原価や販売費及び一般管理費として処理されているケース
関係会社株式 投資有価証券	・減損処理すべきグループ会社等の株式が、そのままの取得価額で計上されているケース

　過年度遡及会計基準を適用した場合と前期損益修正として当期の損益として修正した場合の数値例は以下のとおりとなります。

（設例）

　当社は 2022 年に大幅に事業を縮小し、これまで使っていた機械が遊休となった（取得価額 100、減価償却累計額 20）が、減損処理はせず、そのまま減価償却を継続していた。

各期の減価償却費は 20 である。

① 現在の決算情報

2022 年

B/S			
流動資産	50	負債	100
機械	80	純資産	30
資産合計	130	負債・純資産合計	130

P/L			
売上原価	80	売上	100
（内減価償却費）	20	当期損失	20
販売費及び一般管理費	40		

2023 年

B/S			
流動資産	60	負債	100
機械	60	純資産	20
資産合計	120	負債・純資産合計	120

P/L			
売上原価	40	売上	50
（内減価償却費）	20	当期損失	10
販売費及び一般管理費	20		

2024 年

B/S			
流動資産	80	負債	100
機械	40	純資産	20
資産合計	120	負債・純資産合計	120

P/L			
売上原価	40	売上	60
（内減価償却費）	20	当期損失	0
販売費及び一般管理費	20		

② 前期損益修正として当期の損益として修正した場合

2022 年

B/S			
流動資産	50	負債	100
機械	80	純資産	30
資産合計	130	負債・純資産合計	130

P/L			
売上原価	80	売上	100
（内減価償却費）	20	当期損失	20
販売費及び一般管理費	40		

2023 年

B/S			
流動資産	60	負債	100
機械	60	純資産	20
資産合計	120	負債・純資産合計	120

P/L			
売上原価	40	売上	50
（内減価償却費）	20	当期損失	10
販売費及び一般管理費	20		

2024 年

B/S			
流動資産	80	負債	100
機械	0	純資産	-20
資産合計	80	負債・純資産合計	80

P/L			
売上原価	20	売上	60
（内減価償却費）	0	当期損失	40
販売費及び一般管理費	20		
前期損益修正	60		

③ 過年度遡及会計を適用した場合

2022 年

B/S			
流動資産	50	負債	100
機械	0	純資産	-50
資産合計	50	負債・純資産合計	50

P/L			
売上原価	60	売上	100
（内減価償却費）	0	当期損失	100
販売費及び一般管理費	40		
減損損失	100		

2023 年

B/S			
流動資産	60	負債	100
機械	0	純資産	-40
資産合計	60	負債・純資産合計	60

P/L			
売上原価	20	売上	50
（内減価償却費）	0	当期利益	-10
販売費及び一般管理費	20		

2024 年

B/S			
流動資産	80	負債	100
機械	0	純資産	-20
資産合計	80	負債・純資産合計	80

P/L			
売上原価	20	売上	60
（内減価償却費）	0	当期利益	-20
販売費及び一般管理費	20		

　現在の決算情報では、減損処理すべき機械の簿価が残っていることから、その分純資産が過大となっています。また、減損損失が計上されず、売上原価に減価償却費が計上されることで、2022 年の損失は過少にその後の各期

の損失は過大となっていることが確認できます。

②の前期損益修正として処理した場合は、2024年の純資産額及び営業利益は適切に把握することができるものの、2022年及び2023年は①と同結果となり、各時点の純資産及び損益を正しく把握することができず、窮境原因や各時点の正常収益力の把握が困難となる可能性があります。

③の過年度遡及会計基準を適用すれば、各期の純資産及び損益を適切に把握することが可能となり、事業再生の局面での状況把握及び分析に有用と考えられます。

(本山)

Q41　実態貸借対照表の作成

Q　事業再生に当たり実態貸借対照表の作成が必要となる理由を教えてください。また、実態貸借対照表の作成方法について教えてください。

A　事業再生において事業を継続させるかどうかの判断を行うに当たり、まず自社の財務実態を正確に把握する必要があります。そこで、資産及び負債を時価で評価し実態に即した貸借対照表（＝実態貸借対照表）を作成することで財務状況が明確になります。実態貸借対照表の作成において公式な評価方法はありませんが、中小企業活性化協議会や日本公認会計士協会が公表している評価方法が参考になります。

　事業再生に当たってはまず財務の現状や会社の収益力を把握することが必要ですが、通常時の貸借対照表は取得原価での計上が原則であるため資産の含み損益が計上されておらず、また会計監査の対象となっていない中小企業においては節税を目的とした経理処理や網羅的な債務が計上されていないケースも多く見受けられます。

　そのため、貸借対照表を実態に合わせて修正した実態貸借対照表を作成する必要があります。

1. 基準日

作成の基準日は、民事再生手続であれば開始決定日、私的整理手続であれば債務の弁済停止を要請した日とするのが一般的で、なるべく当該日時点の貸借対照表を作成することが望ましいです。しかし、実態貸借対照表を作成するための必要な情報の収集や作業負担の観点から、実務上は直近の決算期末日時点において申告書の勘定科目明細書等を参考に実態貸借対照表を作成し、その後の変動を反映し評価時点に修正する方法が多いと思われます。

2. 評価基準

実態貸借対照表の作成方法について公式な評価基準はありませんが、基本的な考え方として資産負債を時価ベースで換算替えし、資産については回収可能額、負債については債務額で評価することになります。

具体的な評価方法については、中小企業活性化協議会が定める「中小企業活性化協議会の支援による再生計画の策定手順」や日本公認会計士協会が公表している「財産の価額の評定等に関するガイドライン（中間報告）」が参考になります。

科目	評価基準
売上債権	相手先別に信用力の程度を評価し、回収可能性に応じて減額する額を決定します。特に、破産、回収遅延、減額要請、休業、店舗閉鎖、行方不明等の事象が確認できる場合、回収可能性は低い、又はなしと判断します。
棚卸資産	陳腐化・破損・不良在庫である棚卸資産については評価損相当額を減額します。

科目	評価基準
前払費用	原則として全額減額します。ただし、前払家賃、前払利息等のように翌期以降に役務の提供を受けなければ返還されるべき性質の前払費用で、役務提供契約の解除が確定しており、払戻しによる受取額が算定できる場合は、当該額の減額は不要です。
貸付金	貸付先の決算書入手等により財務内容を把握し、回収可能性に応じて減額する額を決定します。また、回収可能性が不明確な役員宛貸付金は、全額減額します。
未収入金・仮払金・その他流動資産	「売上債権」の評価方法に準じて評価します。また、仮払金のうち、本来費用処理されるべきものは減額します。
有形固定資産	①　継続して使用予定の物件は時価(路線価等による法定の評価額・鑑定評価額、又はそれに準じた評価額)に調整します。 ②　売却予定の物件は、早期売却を前提とした価格等に調整します。
無形固定資産	①　借地権は、有形固定資産に準じて評価し、含み損益を調整する場合は底地の時価に借地権割合を考慮して評価します。 ②　借地権以外の無形固定資産(電話加入権、特許権・商標権等の工業所有権、ソフトウエア等)のうち、価値の見込めないものは全額減額します。
有価証券・投資有価証券	①　市場性のある有価証券は原則、評価時点の時価で評価します。 ②　市場性のない株式(出資金)は当該先の財務内容の把握を行い、当該先の純資産持分相当額と簿価のいずれか低い方の金額とします。 ③　市場価格が明らかでない社債等は、「売上債権」に準じて評価します。
その他投資	①　長期前払費用は「前払費用」に準じて評価します。 ②　ゴルフ会員権のように市場価格があるものは、時価で評価します。 ③　投資不動産は「有形固定資産」に準じて評価します。 ④　保険契約については解約返戻金相当額にて評価します。 ⑤　その他については、回収見込額で評価します。

198　第3章　事業再生の会計

科目	評価基準
繰延税金資産・繰延税金負債	見合いの資産の評価の調整に応じて、必要額を調整します。清算・破産前提の場合、計上しません。
繰延資産	原則、全額減額します。
裏書譲渡手形・割引手形	「売上債権」に準じて評価し、調整額は負債として計上します。
賞与引当金	賞与引当金は、社内規程に照らし支払が確実に見込まれる要支給額にて評価します。
退職給付引当金	退職給付債務の積立不足額は全額を負債とみなします。
保証債務	保証先の決算書等により財務内容を把握し、履行可能性に応じて調整した金額を負債に計上します。
資産除却債務	工場等において土壌汚染除去が必要な場合には、それに要する費用を負債に計上します。
訴訟損失引当金	訴訟事件等によって損害賠償が求められている場合には、損害賠償の支払可能性に応じて調整した金額を負債に計上します。

(小川)

Q42 窮境原因分析と対応

Q 窮境原因とは何でしょうか。
また、窮境原因の分析方法を教えてください。

A 事業再生をする会社には、必ず倒産状態に至った原因、すなわち窮境原因があります。窮境原因を突き止め、自力で改善できるか否か、できない場合にどうするかを検討します。

　窮境原因とは、会社の財務状態が悪化することになった原因であり、例えば、新規に始めた事業や多角経営・財テク投資の失敗、他人の債務保証の履行請求などが単独又は複合的に絡んでいる場合があります。
　事業再生をする会社には窮境原因が必ず存在するので、その窮境原因を明らかにするとともに、自力で改善できるか否か、その方法について検討し、自力改善が無理な場合はスポンサーの力を借りて改善するか、あるいは廃業を選択することになります。

1. 窮境原因の分析

　窮境原因は、内部要因と外部要因に分けて考察します。
　内部要因とは、会社内部に起因する要因であり、例えば、経営上の選択失敗、過大な投資失敗、経営者のモラル違反などがあります。

外部要因とは、会社内部に起因しない要因であり、例えば、経済状況の影響、市場環境の変化、同業他社の動向などで、あまり思い出したくないかもしれませんがコロナ渦による経済状況の悪化があります。

2. 自力改善の検討

窮境原因を構成する各項目について、自力での改善が可能か検討します。

一般論として、窮境原因が外部要因に起因する場合、自力改善はより難しくなります。例えば、外食産業において、コロナ渦により緊急事態宣言で外出禁止要請が出たときを思い起こしていただくと自明です。もちろんこのような場合でも、影響の少ない事業領域に経営資源（ヒトやカネ）をシフトすることで受けるダメージを最小化できる場合もあると思います。

外部要因に対して、内部要因は自力改善が容易といえますが、そこに至ったプロセスによっては、そう簡単に改善できない場合も多いと思います。例えば、過大投資のケースでも、既にその事業から撤退済みであれば他の健全事業に集中することによる改善が可能ですが、主要設備が老朽化し更新が必要にもかかわらずその設備投資資金が準備できない場合には自力改善は不可能です。

結局、自力改善が可能か否かは、その時点において有効な経営資源があるか否かに帰結することになります。

Q 42 窮境原因分析と対応　201

〈窮境原因の分析例〉

○＝自力改善可（済）、×不可

窮境原因		分析（対応）	経営改善の自力可能性
（1）　内部要因			
①　過大な投資			
	＊＊事業	既に撤退済み	○
	＊＊設備	老朽化した設備の維持更新ができていない	×
②　組織再編成		事業承継対策として、持株会社を設立しているが、追加コストの発生はほぼない	○
③　事業			
	Ａ事業	キーマンであった従業員が退職し、主要顧客の離反が収まらない	×
	Ｂ事業	Ａ事業は止め、外部委託に切り替えているが、期待した成果が上がらない	×
	数値経営	事業ごとの損益管理も不十分で、経営にフィードバックする数値管理ができていない	×
④　借入増大		総資産回転率など指標上も資産（借入）過大な状況にあり、適正規模へのスリム化が必須	×
⑤　コーポレートガバナンス		前代表辞任後、経営者不在の状況が続いている	×
（2）　外部要因			
①　薄利多売の市場環境		大手参入により、同業他社は価格引下げで対抗し、営業利益を確保できない状況にある	×
②　リクルート環境		知名度・資金力に劣り、雇用環境は大変厳しい	×

3. 対応

　自力改善が可能な場合には自力再生を選択し、自力改善が不可能な場合には経営をスポンサーに委ねるか、又は、廃業を選択することになります。

　いずれのケースを選択するにしても、早期に判断することが重要です。

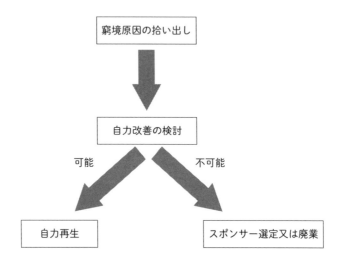

(植木)

Q43 民事再生手続と財産評定

Q 当社は近々、民事再生手続を申し立てる予定です。申立て後、開始決定を受けると、所有するすべての資産と負債について財産評定をしなければならない、と顧問弁護士から言われました。

財産評定の会計上の扱いについて教えてください。

A 再生手続開始決定を受けると、財産評定とともに貸借対照表と財産目録を作成しなければなりません。

開始決定日が決算期末日や月末日である例は少ないので、原則としては開始決定日において仮決算を行い、評価基準は処分価値として財産評定を行います。

1. 財産評定とその評定基準

民事再生手続においては、財産評定という手続があり（民再法124）、その際の評価基準は原則として「処分価値」、例外として「事業継続価値」です（民再規56①）。

原則として処分価値とする理由は、再生手続により弁済を受けられる弁済額と、処分価値、すなわち清算又は破産によって受けられる弁済額の両方の

弁済額情報を利害関係者（債権者）に提供することにより、清算価値保障（清算時の配当よりも再生時の配当が高いこと）を含む公正・衡平の判断ができるようにしているものです。また、場面によって事業継続価値情報を提供することで、例えば事業譲渡の対価の合理性判断ができるようにしています。

なお、財産評定の基準日は、再生手続開始決定日です。

2. 清算貸借対照表の作成

再生会社は、財産評定をした後、直ちに財産目録と貸借対照表を作成し、裁判所に提出しなければなりません（民再法 124 ②）。

清算貸借対照表は、基準日が再生手続開始決定日とされるので、基準日と会社法上の決算日とは相違するのが通例です。法人税申告における事業年度は会社法に従うので、民事再生法の再生手続開始決定があっても事業年度は変わりません。つまり、再生会社は、再生手続の開始決定があった場合、民事再生法により開始決定日において仮決算を行い、開始決定日時点の貸借対照表を別途作成することになります。

〈計算書類の相違〉

区分	計算書類	評価基準	準拠法
会社法	貸借対照表、損益計算書、株主資本等変動計算書、個別注記表	取得原価	会社法 435
民事再生法	貸借対照表、財産目録	処分価値	民事再生法 124

この開始決定日が月末日であればよいのですが、月中日だと結構大変です。実務においては、預金取引は開始決定日分まで会計処理しますが、売上や仕入・費用は月中に締め切るのが困難なため概算計上するか、影響が軽微の場合は開始決定日の前月末締め分を計上するケースが多いようです。

また、会社の会社法上（法人税法上）の会計処理は原則として取得原価主義（注）が適用されるところ、民事再生手続における評価基準は原則として処分価値なので、清算貸借対照表の作成に際しては、次頁図のように「清算修正欄」等を用いて帳簿価額を処分価値に修正する必要があります。また、次頁図の「相殺」や「別除権予定額」は、清算、すなわち破産を想定し、資産と負債をネットするための修正欄です。例えば、借入金融機関に預金がある場合、相殺欄にて借入金と預金を相殺します。

（注）　取得原価主義とは、資産を評価するに際し、取得した時点で支払った対価をもとに評価する会計手法です。

206 第3章 事業再生の会計

〈民事再生手続の貸借対照表の例〉

清 算 貸 借 対 照 表
＊＊年＊月＊日現在

(単位：円)

	開始日残高	相殺	清算修正	別除権予定額	清算残高
(資産の部)					
流動資産					
現金・預金					
商品					
前渡金					
短期貸付金					
未収入金					
仮払金					
従業員貸付金					
繰延消費税等					
流動資産合計	0	0	0	0	0
固定資産					
(有形固定資産)					
建物					
構築物					
器具備品					
土地					
有形固定資産合計	0		0	0	0
(無形固定資産)					
電話加入権					
ソフトウエア					
営業権					
無形固定資産合計	0	0	0	0	0
(投資その他の資産)					
出資金					
敷金					
保証金					
保険積立金					
投資その他の資産合計	0	0	0	0	0
固定資産合計	0	0	0	0	0
加入金					
繰延資産合計			0	0	0
資産の部合計		0	0	0	0
(負債の部)					
流動負債					
支払手形					
買掛金					
短期借入金					
未払金					
未払法人税等					
未払消費税					
預り金					
仮受金					
預り敷金保証金					
流動負債合計	0	0	0	0	0
固定負債					
長期借入金					
固定負債合計	0	0	0	0	0
その他				0	0
負債の部合計	0	0	0	0	0
(純資産の部)					
株主資本					
資本金					
利益準備金					
利益準備金					
利益剰余金					
別途積立金					
繰越利益剰余金					
純資産の部合計	0	0	0	0	0
負債及び純資産合計	0	0	0	0	0

〈破産配当率の計算〉

A	清算価値	
B	清算費用（管財人報酬等） 労働債権（解雇予告手当含む） 公租公課 共益債権	
	B　合計	
C	予測弁済額（A － B）	
D	破産債権	
E	破産配当率（C ÷ D）	

3. 処分価値

　民事再生手続の評定基準は、原則として「処分価値」です。

　処分価値に関しては、平成 16 年 5 月 17 日（改正平成 19 年 5 月 16 日）に日本公認会計士協会が経営研究調査会研究報告第 23 号「財産の価額の評定等に関するガイドライン（中間報告）」を発出しています。その 44 ページ以降に「科目別処分価額」を掲載しているので、参考になります（https://jicpa.or.jp/specialized_field/files/2-3-31-2-20070817.pdf）。例えば、不動産（借地権を含む。）については以下のように記述されています。

> 205. 不動産の清算処分価額は、早期の売却見込額から売却費用を控除した価額とする。売却見込額は、取引事例価格、公示価格・都道府県基準地価格から比準した価格、路線価による相続税評価額、固定資産税評価額を基にした倍率方式による相続税評価額、近隣の取引事例から比準した価格のほか、不動産鑑定士などの専門家による鑑定評価額も利用できる。また、売却費用には、土地売却時に建物等を取り壊す場合の取壊し費用、抵当権を抹消する場合の抹消費用、不動産業者への支払手数料等の実際の処分に係る費用が含まれる。早期の売却見込額は、鑑定評価による正常価格での売却が可能なケースもあれば、競売価額による売却となるケースもあり、個々の資産ごとに管財人が判断することとなる。

（植木）

Q44　資金繰りの管理は重要

　　今までは、あるお金の範囲で支払をしてきたので、資金繰り表は作成していませんでした。
　　資金繰りの状況が厳しくなった今日、顧問弁護士から資金繰り表（予定と実績）の作成を求められています。
　　資金繰り表の作成方法を教えてください。

　　資金繰り表は予定表（計画表）と実績表の両方を作成することが肝心です。計画表の作成により、将来の資金の流れの見える化が可能となり、また、両表（予定表と実績表）の作成により計画と実績の差異分析が可能になります。

1. 資金管理の必要性

　健康体の会社でも資金繰りに留意している会社は少なくないですが、例えば飲食店や小売店のように日銭を扱う会社、あるいは入金が先行し支払が後行になる会社などは、資金繰りに留意せずとも大きな問題が発生することは少なかったかもしれません。

　しかし、会社が窮境状況に陥った場合には、業種・業態にかかわらず資金繰りに配慮することが重要です。

その理由としては、資金のやりくりが厳しい状況になるため、入金と出金の時期と金額をしっかり管理し、資金不足が生ずる前に、支払を遅らせたり、資産処分や何がしかの入金対策を検討することが可能になるためです。

また損益管理だけでは見えなかった資金の流れも、資金繰り予定表によって把握することが可能になります。

2. 資金管理の方法

資金繰り表は予定表（計画表）と実績表の両表を作成することが肝心です。

計画表の作成により、将来の資金の流れの見える化、共有化が可能となり、また、両表の作成により計画と実績の差異分析が可能になります。

資金繰り表は、決算書のように定型のフォームがあるわけではないので、見やすいこと、関係者間において共有しやすいことが重要です。

また、月末の資金残高がプラスでも月中で資金ショートするおそれがあるため、窮境時は日ごとや週ごとの資金繰り（日繰り資金繰り表、週繰り資金繰り表）を作成する必要があります。

参考までに、日本政策金融公庫が公表している資金繰り表（当職による修正あり）を示します。

210　第3章　事業再生の会計

資金繰り（予定・実績）表
（　年　月）

（単位　円）

			月首	1日	2日	3日	4日	5日	6日	7日	8日	9日	10日	月計
売上高														0.0
仕入・外注費														0.0
前期繰越現金・普通預金		（A）		0.0	0.0	0.0	0.0	0.0	0.0	0.0	0.0	0.0	0.0	
経常収支	収入	売上代金	現金売上												0.0
			売掛金現金回収												0.0
			（手形回収）												0.0
			手形期日落												0.0
			手形割引												0.0
			（割引手形落込）												0.0
		その他収入													0.0
		収入合計	（B）		0.0	0.0	0.0	0.0	0.0	0.0	0.0	0.0	0.0	0.0	0.0
	支出	仕入代金	現金仕入												0.0
			買掛金現金支払												0.0
			（手形支払）												0.0
			手形決済												0.0
		賃金給与													0.0
		その他経費													0.0
		支払利息・割引料													0.0
		支出合計	（C）		0.0	0.0	0.0	0.0	0.0	0.0	0.0	0.0	0.0	0.0	0.0
	差引過不足		（D＝B－C）		0.0	0.0	0.0	0.0	0.0	0.0	0.0	0.0	0.0	0.0	0.0
経常外収支	収入	固定資産等売却収入													0.0
		収入合計	（E）		0.0	0.0	0.0	0.0	0.0	0.0	0.0	0.0	0.0	0.0	0.0
	支出	税金・役員賞与配当													0.0
		固定資産等購入支払（除く支手）													0.0
		（固定資産等手形支払）固定資産等購入支払手形決済													0.0
		支出合計	（F）		0.0	0.0	0.0	0.0	0.0	0.0	0.0	0.0	0.0	0.0	0.0
	差引過不足		（G＝E－F）		0.0	0.0	0.0	0.0	0.0	0.0	0.0	0.0	0.0	0.0	0.0
財務収支	収入	長期借入金調達													0.0
		短期借入金調達													0.0
		定期性預金取り崩し													0.0
		増資													0.0
		収入合計	（H）		0.0	0.0	0.0	0.0	0.0	0.0	0.0	0.0	0.0	0.0	0.0
	支出	長期借入金返済													0.0
		短期借入金返済													0.0
		定期性預金預け入れ													0.0
		支出合計	（I）		0.0	0.0	0.0	0.0	0.0	0.0	0.0	0.0	0.0	0.0	0.0
	差引過不足		（J＝H－I）		0.0	0.0	0.0	0.0	0.0	0.0	0.0	0.0	0.0	0.0	0.0
翌月繰越現金・普通預金		（A＋D＋G＋J）		0.0	0.0	0.0	0.0	0.0	0.0	0.0	0.0	0.0	0.0		
残高	売掛金			0.0	0.0	0.0	0.0	0.0	0.0	0.0	0.0	0.0	0.0		
	受取手形			0.0	0.0	0.0	0.0	0.0	0.0	0.0	0.0	0.0	0.0		
	買掛金			0.0	0.0	0.0	0.0	0.0	0.0	0.0	0.0	0.0	0.0		
	支払手形			0.0	0.0	0.0	0.0	0.0	0.0	0.0	0.0	0.0	0.0		
	設備支手等営業外手形			0.0	0.0	0.0	0.0	0.0	0.0	0.0	0.0	0.0	0.0		
	短期借入金			0.0	0.0	0.0	0.0	0.0	0.0	0.0	0.0	0.0	0.0		
	長期借入金			0.0	0.0	0.0	0.0	0.0	0.0	0.0	0.0	0.0	0.0		
	割引手形			0.0	0.0	0.0	0.0	0.0	0.0	0.0	0.0	0.0	0.0		

出所）日本政策金融公庫からダウンロードした表を修正

（植木）

Q45 経済合理性の試算（破産配当との比較）

> **Q** 私的整理手続による事業再生を考えています。
> この場合、経済合理性の比較が必要とのことです
> が、経済合理性の比較はどのようにしたらよいの
> か、教えてください。
>
> ....
>
> **A** 経済合理性は、再生計画による場合と破産による場合の弁
> 済額（債権者にとっての回収額）を対比させる形式で作成し
> ます。

1. 経済合理性とは

　事業再生手続において、債権者が債権放棄をする場合には、経済合理性が
確保されていることが求められ、経済合理性を満たさない場合には、再生計
画の合理性は担保されないことになります。

　この経済合理性とは、債務者が破産した場合の回収額よりも、債務者が事
業再生した場合の回収額（債権の一部放棄後の回収額）の方が大きいことを
いいます。

　債権者、特に金融機関は、経済合理性が担保された再生計画の場合でない
と、債権放棄について賛成票を投ずることが困難となります。

2. 経済合理性の試算

経済合理性は、例えば、以下のように再生計画による弁済額と破産による弁済額（債権者にとっての回収額）を対比させる形式で作成します。

また、非保全の預金（普通預金など）が大きい場合は、破産の方が相殺により回収額が大きくなることがある（私的整理手続は相殺しないため）ので、経済合理性の比較は債務者全体としてはもちろんのこと、債権者（金融機関）ごとに比較できるように作成する必要があります。

〈金融機関別経済合理性比較〉

Ⅰ.本計画の場合

対象債権者名	対象債権残高				事業者弁済額				合計 a
	残高 A	保全額	非保全残高		保全弁済額	非保全弁済額			
				非保全シェア			弁済シェア	非保全弁済率	
合計	0	0	0	0.0%	0	0	0.0%	0.0%	0

Ⅱ.破産の場合

対象債権者名	対象債権残高				事業者弁済額				合計 a
	残高 A	保全額	非保全残高		保全弁済額	非保全弁済額			
				非保全シェア			弁済シェア	非保全弁済率	
合計	0	0	0	0.0%	0	0	0.0%	0

（単位：円）

保証人弁済額					物上保証人保全弁済額 c	総回収額 B=a+b+c	経済合理性 B の比較
保全弁済額	非保全弁済額			合計 b			
		弁済シェア	非保全弁済率				
0	0	0.0%		0	0	0	0

保証人弁済額					物上保証人保全弁済額 c	総回収額 B=a+b+c
保全弁済額	非保全弁済額			合計 b		
		弁済シェア	非保全弁済率			
0				0	0	0

（植木）

214　第3章　事業再生の会計

Q46　事業再生時の事業価値評価について

Q 　事業再生における事業価値の意味と事業価値の評価方法について、教えてください。

A 　事業再生において債務免除等の金融支援を受けるためには、基本的に事業価値がプラスであることが前提となります。

　事業価値は、一般的にはフリーキャッシュフローを基礎とするDCF法で評価されることになります。しかしながら、DCF法の評価には見積もり的な要素があり、また早急に事業再生が求められる局面では、簡便的に収益還元法や時価純資産法を基礎とした評価法によってスポンサーへの譲渡価格を算定することもあります。

1．事業価値とは

　事業価値とは企業が営む事業によって生み出される価値であり、具体的にはフリーキャッシュフローを創出する能力を評価したものになります。また、事業価値に非事業資産を加算し、有利子負債を控除したものが株主価値となる関係にあります。

　債権者の立場で観察した場合、事業再生において事業価値がマイナスであ

る場合には、事業活動を継続すればするほどキャッシュが流出し債権回収額が少なくなるため、事業再生するよりも早く事業を停止させた方が得になります。逆に事業価値がプラスの場合には、現時点で会社を清算させて債権回収するよりも、事業を継続させた方がより多くの債権回収が見込まれることとなり、事業再生した方が得になります。また、前述したように事業価値は株主価値と密接な関係があるため、スポンサーへの譲渡価格の決定にも影響します。このように事業価値は金融機関等の債権者による債権放棄の意思決定やスポンサーへの譲渡価格に影響を与えるため、事業再生においては各関係者の合意が得られるように適切に評価を行うことが必要となります。

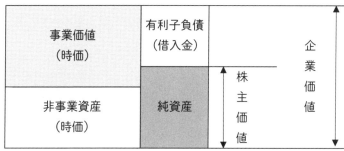

『事業価値』＋『非事業資産』＝企業価値
『企業価値』－『有利子負債』＝株主価値

2．事業価値の評価方法

(1) フリーキャッシュフローを基礎に算定（DCF法）

　事業価値はフリーキャッシュフローの創出能力を評価したものであるため、DCF（Discounted Cash Flow）法によることが一般的です。DCF法とは、対象会社が将来獲得すると予想されるフリーキャッシュフロー（FCF）を株主資本コストと負債コストの加重平均である加重平均資本コスト（WACC）で現在価値に割り引いて事業価値を算定する、インカムアプローチに属する

方法です。なお、フリーキャッシュフローは事業計画における収益等を基礎として計算されますが、フリーキャッシュフローと収益の大きな相違点としては、減価償却費がキャッシュフローには含まれていますが収益には含まれていません。また、年度の設備投資や運転資本増減などがフリーキャッシュフローでは考慮される点が相違しています。

このDCF法については将来の事業計画をベースに将来キャッシュフローを算定するため、見積もり的な要素が含まれるという指摘があります。また、事業再生においては対象会社にて事業計画やFCFを作成するためのリソースが不足していることが多く、スポンサー型の早急な事業再生が求められる局面ではDCF法ではなく収益を基礎に算定（収益還元法）、又は資産・負債を基礎に算定（時価純資産法、年倍法）し、譲渡価格とすることもあります。

〈DCF法による事業価値の算定概念図〉

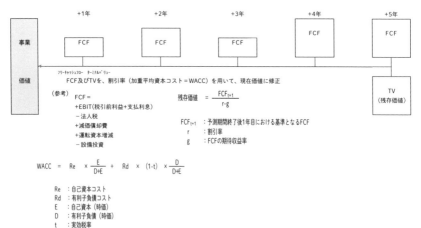

（2） 収益を基礎に算定（収益還元法）

将来の利益（税引後利益）を資本還元率で割引計算して株主価値を算定する方法で、インカムアプローチの一種です。ここで用いられる資本還元率は、一般には資本コストと呼ばれるもので、対象会社が営む事業の個別リスク

（危険率）などを加味して算定されます。留意点とすれば、DCF法と同様に将来の事業計画に依拠するため見積もり的な要素を含む点です。

(3)　資産・負債を基礎に算定（時価純資産法、年倍法）

　コストアプローチに属する方法で、対象会社の資産・負債を簿価のまま評価する簿価純資産法、資産・負債を時価に評価し直して評価する時価純資産法があります。時価純資産法によれば、回収見込みのない売掛金や販売見込みのない在庫などが評価減されるため、簿価純資産法よりも評価基準日の評価会社の財務実態を反映しますが、あくまでも基準日時点における静的な評価額（将来収益力を考慮していない）に留まるので、継続企業の評価としては好ましくないとの指摘があります。他方で、他の算定方法と比較すると算定が容易で、個別資産の評価を積み上げるため客観的で理解しやすいという特徴があります。

　なお、静的な評価に留まるという指摘に対しては、時価純資産額に「のれん」として営業利益又は経常利益の1〜5年分を加算して評価額とする「年倍法」も利用されています。この際に用いられる営業利益や経常利益については、役員報酬や役員保険、交際費などを適正額に修正した修正営業利益（正常収益力）を用いることに留意が必要です。

〈年倍法による株式価値の算定概念図〉

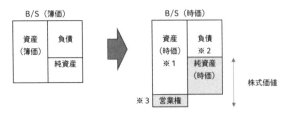

※1 資産の時価修正
・ 金額の大きい科目、2~3期連続で同額のものは特に注意
・ 売上債権のうち、回収に疑義あるものは減額
・ 土地は、実勢価格又は路線価割戻評価に修正
・ ゴルフ会員権は、売却価額相当額に修正
・ 固定資産は、減価償却台帳から実在性と償却不足を確認し、適正額に修正
・ 保険積立金は、解約金相当額に修正
・ 倒産防止協会は、解約金相当額に修正　等々

※2 負債の時価修正
・ 退職金規程等による自己都合要支給額を引当て
・ 網羅性の観点から計上漏れの追加　等々

※3 営業権
・ 役員報酬の適正額への修正、役員保険料、過大交際費、減価償却不足の修正等々、営業利益の修正
・ 修正営業利益の1～5年分を営業権認識（営業損失はマイナス認識）

（小川・植木）

|Column|

事業再生の前提

　事業再生は、債権者や利害関係者の協力を得て、はじめて成立する手続です。

　よって、事業の継続により、会社財産の減少を招くような財務状況なら、財産があるうちに廃業した方が望ましく、事業再生はその事業から生まれる営業キャッシュフローがプラスであることが前提といえます。

　また、事業継続に際して継続した設備投資が必要な場合は、営業キャッシュフローに投資キャッシュフローを加減したフリーキャッシュフローがプラスである必要があります。

（植木）

第 4 章

事業再生の税務

Q47 事業再生手続と税務概論

 事業再生手続を行った場合には、税務上、特別な取扱いがあるということですが、どのようなものでしょうか。

 事業再生のためには、事業継続の足かせとなる過剰債務を債権者から免除してもらう必要があります。

債務の免除により生ずる債務免除益は資金の流入がない益金のため、そのままでは課税所得となり税負担だけが生じます。そのため、これに充当する損金が必要となり、事業を再生する場合の特別な措置として、資産の評価損と期限切れ欠損金の損金算入が認められています。

1. 事業再生の場合の債務免除益

(1) 概要

事業再生を行おうという会社は、たとえ利益を計上していたとしても、借入金の元本返済などを考慮すればキャッシュフローが回らず、早晩破綻が予想される会社といってよいかもしれません。しかし、事業自体に価値があるのならば、従業員をはじめとするステークホルダーのためにも、事業を再生し、これを継続していくことは価値のあることだと思います。

通常、事業を継続することの大きな障害となるのは過大な債務の返済です。過大債務の発生原因は様々ですが、本業以外の事業拡大や投機的な資金需要のために生じた債務負担が多いようです。

このように、事業再生のためには、過大となった債務をなくせばよいのですが、債務を消滅させる具体的な手続としては、債権者から債権の放棄を受ける必要があり、これが債務者としては債務の免除益となります。

なお、過大債務の額は、一般的には債務者による事業の継続を前提として返済できる額を超える債務の額ということになります。将来キャッシュフローを加味してこれを計算することもありますが、通常は資産の時価を超える部分の債務の額をいいます。

また、債権者がその有する債権を債務者企業に現物出資し、株式に転換することもあります。債権者にとっては債権の株式化、債務者にとっては債務の資本化であり、デット・エクイティ・スワップ（DES）と呼ばれています。DES を行う場合の資本金等の額の増加額は現物資産の時価とされていることから（法令8①）、その時価と債務の券面額との差額は、債務消滅益として益金となり、債務免除益と同様のものとして取り扱われています（法法59①）。

(2) 債務免除益のイメージ

図表のとおり、債務免除益は資産の時価を超える部分の債務の額となり、貸借対照表のイメージとしては、資産の評価損、青色欠損金及び期限切れ欠損金相当額から成り立っています。

なお、民事再生や会社更生など法的整理の場合や合理的な私的整理の場合には、債権を放棄する債権者においてその放棄損は損金となりますが、これらの適用がない場合であっても、つまり債権者において寄附金とされる場合であっても、免除を受けた債務者としては債務免除益となることに変わりません。

〈債務者企業の貸借対照表イメージ〉

2. 資産の評価損の損金算入

　法人税法上、原則として、未実現の損益を益金や損金に算入することはできません。そのため、法人が資産の評価替えをして評価損を計上しても、これを損金の額に算入しません（法法33①）。ただし、例外として、次の場合には資産の評価損を認めています（法法33②③④）。

(1) 法人の有する資産につき、物損等の事実又は法的整理の事実が生じた場合
(2) 法人の有する資産につき、会社更生法の規定による更生計画認可の決定があった場合
(3) 民事再生法の規定による再生計画認可の決定又は民事再生に準ずる合理的な私的整理があった場合

　以上の例外的な規定は、企業会計や私法上の取扱いにならい、法人税法上もこれを評価損として損金に算入すべきであるということで設けられたものだと考えられます。

　また、上記1のとおり、再生企業の債務免除益の構成要素からすれば、評価損の損金算入を認めない場合には、債権者の負担により免除された部分に新たな租税債権を生じさせることともなり、これは既に生じた国税債権の優先劣後の問題とは異なるものでしょうから、合理的でないということもできると思います。

3. 期限切れ欠損金の損金算入

　債務免除を受けた法人に前10年以内に生じた青色欠損金がある場合には、これを損金に算入して債務免除益に充当することができます（法法57①）。この場合において、法的整理や合理的な私的整理の場合には、大法人であっても約7年間は青色欠損金の控除制限（所得の50％制限）はありません（法法57⑪）。

　しかし、青色欠損金を充当してもなお債務免除益が残る場合には、課税が生じることとなり再生に困難が生じます。そのため、10年を超えて生じた欠損金についても、その法人において生じた欠損であることに変わりがないため、その控除を認めることとされています（法法59）。これを期限切れ欠損金の損金算入といいます。

　なお、この適用があるのは、会社更生や民事再生などの法的整理のほか、合理的な私的整理などもその対象とされています（法法59、法令117）。

　また、上記2と同じく、再生企業の債務免除益の構成要素からすれば、期限切れ欠損金の損金算入を認めない場合には、債権者の負担により免除された部分に新たな租税債権を生じさせることともなり、これは既に生じた国税債権の優先劣後の問題とは異なるものでしょうから、合理的でないということもできると思います。

4. その他

　上記のほか、事業再生の場合には、「実在性のない資産の処理」、「欠損金の繰戻還付」又は「仮装経理をした場合の法人税額の控除及び還付」などの規定の適用を検討することになりますが、これらについては別項にて説明したいと思います。

（樽林）

Q48 債権者と債務者の取扱いの概要

事業再生手続を行った場合における税務上の特別な取扱いについて、もう少し詳しく教えていただけますか。

事業再生手続を行った場合に適用できる税務上の代表的な規定について、債権者と債務者に分けた上で、これらの概要を解説します。

1. 債権者に適用される規定

　債権の評価損は認められていないことから、債権者としては、債務者に対する債権に対し、まずは貸倒引当金の計上ができるかどうかを検討します。

　次に、債務者が法的再生手続等を行った場合には、切捨て等された債権に対し、貸倒損失、又は寄附金以外の損金（法基通9-4-2など）にすることができるかどうかを検討します。また、切捨て等されなかった債権についても、弁済までに5年を超えるもの（長期棚上げ債権）について、貸倒引当金の計上を検討することになります。

　なお、貸倒引当金については、一定の中小企業や金融機関に該当しない限り計上が認められていないことは通常の場合と同様です。

Q48 債権者と債務者の取扱いの概要　227

〈事業再生場面における貸倒引当金と貸倒損失〉

要件事実	具体的手続	貸倒引当金		貸倒損失	
		損金算入限度額	根拠規定	損金算入限度額	根拠規定
会社更生	開始申立て	債権額×50％	法令96①三イ		
	認可決定	5年超の長期棚上げ債権額	法令96①一イ	切捨て額	法基通9-6-1(1)
民事再生	開始申立て	債権額×50％	法令96①三ロ		
	認可決定	5年超の長期棚上げ債権額	法令96①一ロ	切捨て額	法基通9-6-1(1)
特別清算	開始申立て	債権額×50％	法令96①三ニ		
	協定認可決定 ※1	5年超の長期棚上げ債権額	法令96①一ハ	切捨て額	法基通9-6-1(2)
破産	開始申立て	債権額×50％	法令96①三ハ		
合理的な私的整理 ※2	再建計画成立時	5年超の長期棚上げ債権	法令96①一ニ	切捨て額	法基通9-6-1(3)、9-4-2

※1　個別和解型の特別清算の場合、切捨て額について法基通9-6-1(2)の適用はないため、法基通9-6-1(4)・9-6-2又は寄附金以外の損金（法基通9-4-2など）の適用を検討することになります。

※2　合理的な私的整理とは、法人税法施行令24の2①に規定する事実が生じたことをいい、準則型私的整理ともいわれます。

2. 債務者に適用される規定

(1) 資産の評価損益

　事業再生の場合、債務者に生じる債務免除益と資産の含み損を相殺することができるよう、一定の場合には資産の評価損益の計上が認められています。

　なお、このうち民事再生の場合には、評価損益税制を使うかどうかにより2種類の方法から選択することができます。選択に当たっては、評価益の計上を許容できるかどうかが判断の分かれ目になると考えられます。

〈資産の評価損（益）制度の概要〉

要件事実	物損等	法的整理 民事再生法	法的整理 民事再生法	法的整理 会社更生法	民事再生に準ずる一定の私的整理（合理的な私的整理）
適用可能となる事実	物損等の事実	再生手続開始の決定（法的整理の事実）	再生計画認可の決定	更生計画認可の決定	再生計画認可の決定に準ずる事実
対象資産	棚卸資産 有価証券 固定資産 繰延資産	すべての資産（ただし、金銭債権は対象外とされている）	すべての資産（ただし、次の資産を除く）①5年以内に一定の圧縮記帳をした減価償却資産②短期売買商品③売買目的有価証券④償還有価証券⑤少額減価償却資産又は一括償却資産その他これに類する減価償却資産	すべての資産	すべての資産（ただし、次の資産を除く）①5年以内に一定の圧縮記帳をした減価償却資産②短期売買商品③売買目的有価証券④償還有価証券⑤少額減価償却資産又は一括償却資産その他これに類する減価償却資産
損金経理	要	要	不要	不要（ただし、帳簿価額を減額）	不要
根拠規定	法法33② 法令68①	法法33② 法令68① 法基通9-1-3の2・9-1-3の3	法法33④ 法令68の2	法法33③	法法33④ 法令68の2
資産の評価益	益金不算入（法法25①）	益金不算入（法法25①）	益金算入（法法25③）	益金算入（法法25②）	益金算入（法法25③）

(2) 青色欠損金の控除制限の解除

　一定の中小企業以外の法人の青色欠損金には控除制限があり、所得の50％までしか控除することができません（控除制限）が、次のような事実が生じた場合、再生中の期間であるおおむね7年間[3]は控除制限が解除され青色欠損金を100％控除することができます。

　ただし、弁済期間が満了したり、再生債権等が弁済等によりなくなったりした等の場合には控除制限が復活します。

3　例えば、民事再生の場合を例にとると、「再生手続開始の決定の日から再生計画認可の決定の日以後7年を経過する日までの期間内の日の属する事業年度」となっており、開始決定と認可決定の日が異なる事業年度の場合、最長で9期（事業年度）控除制限が解除されます。

〈青色欠損金の控除制限を課さない各事実〉

事業再生に係る各事実			根拠規定
Ⅰ	更生手続開始の決定があったこと		法法 57 ⑪二イ
Ⅱ	再生手続開始の決定があったこと		法法 57 ⑪二ロ
Ⅲ	法令 24 の 2 ①に規定する事実（合理的な私的整理）（Ⅱの事実を除く）		法法 57 ⑪二ハ
Ⅳ	Ⅰから Ⅲ までに掲げる事実に準ずる事実		法法 57 ⑪二二
	1. 特別清算開始の命令があったこと		法令 113 の 2 ④一
	2. 破産手続開始の決定があったこと		法令 113 の 2 ④一
	3. Ⅱ及び 1 若しくは 2 に掲げる事実に準ずる事実（Ⅰ及び Ⅲ の事実を除く）		法令 113 の 2 ④一
		(1) Ⅱ及び Ⅲ 並びに 1 及び 2 に掲げる事実以外において法律の定める手続による資産の整理があったこと。	法基通 12-3-1 (1)
		(2) 主務官庁の指示に基づき再建整備のための一連の手続を織り込んだ一定の計画を作成し、これに従って行う資産の整理があったこと。	法基通 12-3-1 (2)
		(3) (1) 及び (2) 以外の資産の整理で、例えば、親子会社間において親会社が子会社に対して有する債権を単に免除するというようなものでなく、債務の免除等が多数の債権者によって協議の上決められる等その決定について恣意性がなく、かつ、その内容に合理性があると認められる資産の整理があったこと。	法基通 12-3-1 (3)
Ⅴ	法令の規定による整理手続によらない負債の整理に関する計画の決定又は契約の締結で、第三者が関与する協議によるものとして次のもの（Ⅲの事実を除く）		法令 113 の 2 ④二
	1. 債権者集会の協議決定で合理的な基準により債務者の負債整理を定めているもの		法規 26 の 4 ③一
	2. 行政機関、金融機関その他第三者のあっせんによる当事者間の協議による 1 に準ずる内容の契約の締結		法規 26 の 4 ③二

(3)　期限切れ欠損金の損金算入

　事業再生の場合、債務者に生じる債務免除益と欠損金とを相殺することができるよう、一定の場合には期限切れ欠損金の損金算入が認められています。

　具体的には、青色欠損金には 10 年の繰越期間がありますが、事業再生の場合にはいわゆる期限切れ欠損金を損金に算入することができます。

　なお、このうち民事再生の場合には、評価損益税制の採用と連動し、欠損金の控除順序に違いが生じますので注意してください。

〈会社更生等による債務免除等があった場合の欠損金の損金算入制度（法法59）の概要〉

要件事実	欠損金の損金算入限度額	欠損金の控除順序	債務免除益等の範囲	根拠規定
会社更生	①［設立当初からの欠損金］　②［債務免除益等］とのいずれか少ない方	設立当初からの欠損金→青色欠損金	［債務免除益］＋［私財提供益］＋［資産の純評価益（マイナスは0）］	法法59①　法令116の2
民事再生・民事再生に準ずる一定の私的整理（合理的な私的整理） 評価損益税制適用の場合	①［設立当初からの欠損金］　②［債務免除益等］　③［青色欠損金控除前所得金額］以上3つのいずれか少ない方	設立当初からの欠損金→青色欠損金	［債務免除益］＋［私財提供益］＋［資産の評価益］－［資産の評価損］	法法59②　法令117
民事再生等（注1）・合理的な資産整理 評価損益税制不適用の場合	①［設立当初からの欠損金－青色欠損金当期控除額］　②［債務免除益等］　③［青色欠損金控除後所得金額］以上3つのいずれか少ない方	青色欠損金→設立当初からの欠損金	［債務免除益］＋［私財提供益］	法法59③　法令117の3、117の4　法基通12-3-1
解散（残余財産がないと見込まれるとき）	①［設立当初からの欠損金（注2）－青色欠損金当期控除額］　②［青色欠損金控除後所得金額］とのいずれか少ない方	青色欠損金→設立当初からの欠損金	制限なし（債務免除益等に限定されない）	法法59④　法令117の5

（注1）　民事再生等には、民事再生、特別清算及び破産等の場合が含まれます（法令117の3）。

（注2）　事業年度終了の時における資本金等の額がマイナスの場合には、その絶対値の額を加算します（法令117の5一）。

（樽林）

Q49 事業再生手続と事業年度（決算期）

事業再生手続を行った場合の事業年度の取扱いについて教えてください。

原則として、事業再生手続を行った場合に事業年度（決算期）が変更されることはありません。

ただし、事業年度の特例や他の法令の規定に留意する必要があります。

1. 法人税法に定める事業年度

(1) 事業年度

法人の事業年度は、法人の会計期間で法令や定款等に定められた期間となります（法法13①）。なお、法人が解散した場合には、その事業年度開始の日から解散の日までの期間で事業年度を区切ることとされます。そして、これに続く事業年度は解散の日の翌日からその事業年度終了の日までの期間となります（法法14①一）。また、清算中の法人の残余財産が確定した場合には、その事業年度開始の日から残余財産の確定の日までの期間が事業年度となります（法法14①五）。これらは、定款等に定められた事業年度とは異なるため、事業年度の特例と呼ばれています。

なお、定款等に定められたものとは別に、法令に定める事業年度には下記2と3があります。

(2) 申告期限

　法人は、各事業年度終了の日の翌日から2か月以内に確定申告書を提出しなければなりません（法法74①）。ただし、定款等の定めにより、各事業年度終了の日の翌日から2か月以内に定時総会が招集されない常況にあると認められる場合には、税務署長の承認を得て、申告期限を3か月以内とすることができます（法法75の2①）。

　なお、清算中の法人の残余財産が確定した場合には、残余財産が確定した日の翌日から1か月以内（その間に残余財産の最後の分配又は引渡しが行われる場合には、その行われる日の前日まで）に申告する必要があります（法法74②）。この場合には、上記のような申告期限の延長は認められていません（法法75の2①）。

2. 会社法に定める事業年度

(1) 事業年度

　会社法上、会社が解散した場合には清算をする必要があり（会社法494）、各清算事務年度（解散日の翌日又はその後毎年その日に応当する日から始まる各1年の期間）に係る貸借対照表及び事務報告並びにこれらの附属明細書を作成しなければなりません（会社法494①）。つまり、会社法という「法令」に清算事務年度の定めがあるため、法人税法上も解散の日の翌日から1年間が事業年度となります。以上の取扱いは、特別清算の場合でも同様です。

　また、会社は破産手続開始の決定によっても解散することとされ（会社法471五）、破産により解散した場合には、清算をする必要がないことから（会社法475一）、各清算事務年度も生じないことになります。つまり、破産の場合には事業年度について「法令」に定められた期間、すなわち会社法に期間の定めがないため、清算の場合と異なり、法人税法上も解散の日の翌日から定款等に定められた期間までが事業年度となります。

(2) 申告期限

申告期限は法人税法の要請により納付すべき税額の確定のために定められていると考えられますが、法人税法上、清算事業年度の申告期限について特別の規定はありません。そのため、法人が解散しても上記1(2)の取扱いは変わりません。また、残余財産が確定した場合の取扱いも上記1(2)のとおりとなります。

3. 会社更生法に定める事業年度

(1) 事業年度

会社更生法には、法人税法等の特例として次の規定があります（会更法232②）。

すなわち、更生手続開始の決定があったときは、更生会社の事業年度は、その開始の時に終了し、これに続く事業年度は、更生計画認可の時又は更生手続の終了の日までの期間が事業年度となります。

更生計画認可の時又は更生手続の終了の日の翌日から始まる事業年度は、会社更生法には定めがないため、定款等に定められた期間までが事業年度となります。

ところで、更生手続開始の日の翌日から更生計画認可の時又は更生手続の終了の日までの期間が1年を超える場合には、法人税法に定める事業年度の規定が適用され、その開始の日以後1年ごとに区分した各期間（最後に1年未満の期間を生じたときは、その1年未満の期間）となります（会更法232②、法法13①）。

なお、民事再生法には事業年度について特別の定めはありませんので、定款等に定められた事業年度となります。

(2) 申告期限

　申告期限は法人税法の要請により納付すべき税額の確定のために定められていると考えられますが、法人税法上、更生会社の申告期限について特別の規定はありません。そのため、更生会社であったとしても上記1(2)の取扱いは変わりません。

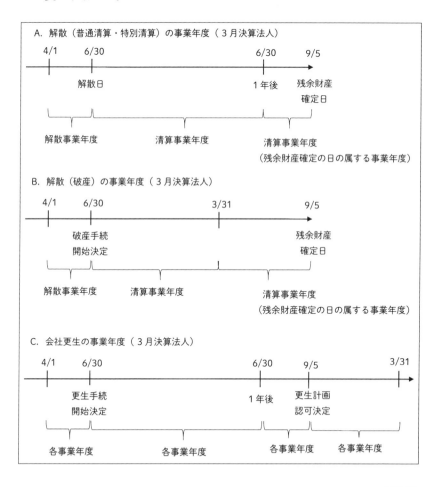

(樽林)

238　第4章　事業再生の税務

Q50 期限切れ欠損金の利用

Q 　事業再生の場面や解散した場合には期限切れ欠損金を損金に算入することができるということですが、その概要を教えてください。

A 　事業再生の場面では、通常、資産の時価を超える負債の額は免除され債務免除益となります。また、債務超過状態で解散した場合には、最終的に債務超過分の免除を受ける必要があり、これも債務免除益となります。

　青色欠損金には繰越期間の制限等があるため、このような債務免除益に対応するには繰越期間の制限等なく欠損金を利用できるようにする必要があり、これが期限切れ欠損金を損金算入する理由です。

1. 期限切れ欠損金（設立当初からの欠損金）の損金算入

　いわゆる期限切れ欠損金の損金算入制度（法法59。以下、「本制度」といいます。）は、必ずしも"期限が切れた欠損金"の損金算入について規定するものではありません。その内容は、期限切れ欠損金と青色欠損金とを総合した税務上の債務超過額、すなわち、"設立当初からの欠損金"の損金算入制度ともいうべきものです。

そのため、本制度の適用を受け損金の額に算入された欠損金のうちに、青色欠損金により構成される部分の金額がある場合には、それに対応する青色欠損金については、既に使用されたと捉え、切り捨てる（ないものとする）こととされています（法法57⑤）。

なお、この設立当初からの欠損金の金額は、本制度の適用年度終了の時における前事業年度以前の事業年度から繰り越された欠損金額の合計額となりますが、実務的には、適用年度の法人税申告書別表五（一）の「利益積立金額及び資本金等の額の計算に関する明細書」の期首現在利益積立金額の合計額がマイナスである場合のその絶対値の額とされています[4]。ただし、その金額が、青色欠損金の金額よりも小さい場合（期首現在利益積立金額の合計額がプラスの場合を含みます）には、青色欠損金の金額が設立当初からの欠損金の金額となります（法基通12-3-2）。

2. 適用対象事業年度

本制度の適用が可能となる事業年度は次のとおりです。

(1) 更生手続開始の決定があった場合（法法59①）

(2) 再生手続開始の決定があった場合（評価損益税制適用）（法法59②）

(3) 再生手続開始の決定があった場合（評価損益税制不適用）（法法59③）

(4) 特別清算開始の命令があったこと（法法59③、法令117の3）

(5) 破産手続開始の決定があったこと（法法59③、法令117の3）

4　欠損金額とは、損金の額が益金の額を超える金額であるため（法法２十九）、交際費や寄附金などの社外流出となる損金不算入項目を反映しない利益積立金額のマイナス残高とは必ずしも一致しません。しかし、帳簿の保存期限（７年ないし10年）などの関係から過去の欠損金額の合計額を検証できないこともあることから、実務に配慮してこのような通達が設けられているものと考えられます。

(6)　合理的な私的整理に該当すること（評価損益税制適用）（法法 59 ②）

(7)　合理的な私的整理に該当すること（評価損益税制不適用）（法法 59 ③、法令 117 の 3）

(8)　上記（2）から（5）に準ずる事実（法法 59 ③、法令 117 の 3）

(9)　解散した場合（残余財産がないと見込まれる場合に限る）（法法 59 ④）

　なお、本制度の適用ができる所得の内容には制限があり、債務免除益、私財提供益及び評価損益（以下「債務免除益等」という）に限られています。ただし、（9）の場合には、所得の内容に制限は付されていません。解散の場合には、資産を売却するなどして得た資金を債権者に弁済する必要があるため、所得の内容に制限を設けることは合理的ではないからだと考えられます。

3.　欠損金の控除順序

　欠損金の控除順序とは、本制度と青色欠損金の損金算入制度（法法 57）のいずれの制度を先に適用するのかということです。設立当初からの欠損金が青色欠損金よりも大きい場合において、設立当初からの欠損金のうち、いわゆる期限切れ欠損金を先に使用する場合には、翌期以降に繰り越される欠損金（もしあれば）は青色欠損金から構成されるケースが多く、青色欠損金を先に使用する場合には、翌期以降に繰り越される欠損金（もしあれば）は期限切れ欠損金から構成されるケースが多いと考えられます。

　期限切れ欠損金を先に使用するのは、本制度のうち、更生手続開始の決定があった場合（法法 59 ①）、再生手続開始決定があった場合のうち評価損益税制を適用する場合（法法 59 ②）及び合理的な私的整理のうち評価損益税制を適用する場合（法法 59 ②）に限られます。

　これ以外の場合には、青色欠損金を先に控除することになります。ただし、大法人であっても法的整理や合理的な私的整理の場合には約 7 年間は青色欠損金の控除制限（所得の 50 ％制限）はありませんので（法法 57 ⑪）、翌期

以降に繰り越される欠損金（もしあれば）は期限切れ欠損金から構成される
ケースが多いと考えられるものの、債務免除益等の金額以上の所得の金額が
ある場合であったとしても青色欠損金の残額がある限りは課税所得は生じな
いことになります。

4. 損金算入額のイメージ

本制度の構成は、概略、法人の設立当初からの欠損金の合計額が債務免除
益等よりも大きい場合には、債務免除益等に充当する設立当初からの欠損金
と青色欠損金の損金算入の順序にかかわらず、課税が生じないような手当て
がされています。

(1) 設立当初からの欠損金のうち期限切れ欠損金を優先控除する類型

会社更生の場合や評価損益税制を適用する場合には、設立当初からの欠損
金を青色欠損金に優先して控除することができます。

〈設立当初からの欠損金のうち期限切れ欠損金を優先控除する類型〉
―会社更生（法法 59 ①）、民事再生等（評価損益税制適用）（法法 59 ②）
の場合―

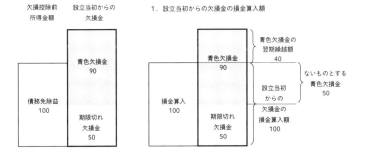

すなわち、債務免除益等に対し、設立当初からの欠損金のうち期限切れ欠

損金を優先して控除する類型においては、設立当初からの欠損金を債務免除益等に100％充当し、その充当した設立当初からの欠損金のうち青色欠損金により構成される部分の金額については、青色欠損金をないものとする（切り捨てる）こととされています。

(2) 青色欠損金を優先控除する類型

民事再生や私的整理において評価損益税制を適用しない場合や解散した場合（残余財産がないと見込まれる場合に限ります。）には、債務免除益等に対し青色欠損金を優先して控除（期限切れ欠損金を劣後して控除）することになります。

〈青色欠損金を優先控除する類型〉
―民事再生等（評価損益税制不適用）（法法59③）、解散（残余財産がない場合）（法法59④）の場合―

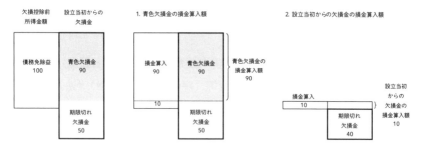

先のとおり、大法人であっても法的整理や合理的な私的整理の場合には約7年間は青色欠損金の控除制限（所得の50％制限）はありません（法法57⑪）。そして、この場合には、翌期以降に繰り越される欠損金（もしあれば）は期限切れ欠損金から構成されることになります。

（樽林）

Q51 実在性のない資産の処理

Q 実在性のない資産とはどのようなものですか。また、その処理はどのようにしたらよいでしょうか。

A 実在性のない資産とは、貸借対照表上資産として計上されているものの、実際には存在しない資産をいいます。

これらは、客観性が担保された手続によりその計上根拠等を調査した場合などには、その帳簿価額を消滅させ、欠損金や利益積立金額の減少項目とすることができます。

1. 実在性のない資産とは

実在性のない資産とは、貸借対照表上資産として計上されているものの、実際には存在しない資産をいいます。また、貸借対照表上にその全部又は一部が計上されていなくても、法人税申告書別表五（一）に計上されており、実際に存在しない資産についても同様のものであると考えられます。

これらの資産については、実際に存在しているのであれば、売却や除却若しくは評価損などにより損金に算入することもできますが、そもそも存在していないため、これらの方法によることもできません。

2. 実在性のない資産を処理することができる場合とその効果

実在性のない資産をその実在性のなさにより処理すること、すなわち税務上の資産として認識しないことができる場合とその効果は次のとおりです。

（1） 欠損金の増加

実在性のない資産の計上根拠等が明らかである場合において、その発生原因が更正期限内の事業年度中に生じたものである場合には、一定の手続を経ることにより、これらの資産の帳簿価額相当額を青色欠損金とすることができます。

また、その発生原因が更正期限を経過した事業年度中に生じたものである場合には、一定の手続を経ることにより、これらの資産の帳簿価額相当額について期首利益積立金額から減算することにより、期限切れ欠損金額とすることができます。

一方で、実在性のない資産の計上根拠等が不明である場合には、その発生原因が更正期限内の事業年度中に生じたものか、又は、更正期限を経過した事業年度中に生じたものであるかどうかわかりません。

しかし、客観性が担保された手続により、その資産について実在性のないことが確認された場合には、いずれにせよ税務上の資産、すなわち利益積立金額はその帳簿価額相当額だけ過大となっていることになります。

よって、その場合にはこれらの資産の帳簿価額相当額について期首利益積立金額から減算することにより、期限切れ欠損金額とすることができます。

(2) 残余財産の減少

ところで、法人が解散した場合において、残余財産がないと見込まれるときには、期限切れ欠損金を損金の額に算入することができます（法法59④）。

一般に、法人が債務超過の状態にあるときは、「残余財産がないと見込まれる」ことになりますが（法基通12-3-8）、上記(1)により実在性のない資産が実態貸借対照表上ないものとして評価され、その結果、債務超過の状態にあるときには、解散した場合の期限切れ欠損金額の損金算入規定を適用することができます。

(3) 客観性が担保された手続とは

上記に記載した客観性が担保された手続とは、裁判所若しくは公的機関が関与する手続、又は、一定の準則により独立した第三者が関与する手続として、次の①から③のような場合をいうとされています。

① 清算型の法的整理手続である破産又は特別清算の手続開始の決定又は開始の命令がなされた場合

② 再生型の法的整理手続である民事再生又は会社更生の手続開始の決定後、清算手続が行われる場合

③ 公的機関が関与し、又は、一定の準則に基づき独立した第三者が関与して策定された事業再生計画に基づいて清算手続が行われる場合

3. 適用場面

実在性のない資産の処理の問題は、法人が清算するときばかりに起こるものではありません。法人が存続して再生する場合にもこれを（期限切れ）欠損金とすることができれば、債務免除益に充当し、又は、その後の所得と相殺することにより法人の再生に資することができます。

246 第4章 事業再生の税務

　これについては、国税庁の質疑応答事例等において、客観性が担保された手続により実在性のないことが明らかにされた場合には、法人が存続して再生をする場合にも適用ができることが明らかにされています[5]。

（樺林）

5　国税庁 HP「平成 22 年度税制改正に係る法人税質疑応答事例（グループ法人税制その他の資本に関係する取引等に係る税制関係）（情報）問 11　実在性のない資産の取扱い」、事業再生研究機構税務問題委員会編「事業再生における税務・会計 Q＆A［増補改訂版］」（「株式会社商事法務」15 頁）

Q52 欠損金の繰戻還付

Q 欠損金が生じた場合には繰越控除のほかに繰戻還付もできると聞きました。繰戻還付とはどのような制度でしょうか。

A 欠損金が生じた青色申告法人は、これを10年間繰り越して控除するか、1年間繰り戻して前期の法人税の還付を受けるかの選択が認められています。

後者の制度を欠損金の繰戻還付といい、資本金1億円以下の法人に認められている制度です。

ただし、繰戻還付は法人税独自の制度であり、地方税には適用がありません（繰越控除のみ）ので注意が必要です。

1. 通常の事業年度の場合

(1) 繰戻還付額の計算

青色申告書を提出する法人に欠損が生じた場合には、その欠損金を、その欠損が生じた事業年度（以下、「欠損事業年度」といいます。）開始の日前1年以内に開始した事業年度（以下、「還付所得事業年度」といいます。）の所得に繰り戻し、次の算式により計算される法人税の還付を請求することができます（法法80①）。

なお、この還付請求は欠損事業年度の確定申告書の提出と同時に行う必要があります。

〈算式〉

$$還付所得事業年度の法人税額 \times \frac{欠損事業年度の欠損金額}{還付所得事業年度の所得金額}$$

繰戻還付とは、上記算式のとおり、当期の欠損金額を過去の所得金額に繰り戻して控除したとした場合に、過大納付となっている法人税額を還付するという仕組みです。ただし、繰越控除と異なり、1年間分しか還付請求できない点に注意が必要です。

(4) 対象法人

欠損金の繰戻還付は、令和8年3月31日までの間に終了する各事業年度において生じた欠損金については、事業年度終了の時における資本金の額が1億円以下である場合に限り、還付請求ができることとされています（措法66の12①）。

ただし、資本金の額が1億円以下であっても、この還付請求ができない法人もあります。具体的には、資本金の額が5億円以上の大法人との間に完全支配関係がある法人等はこの還付請求ができません。

2. 解散事業年度の場合

(1) 解散等をした場合

欠損金の繰戻還付の請求は、法人が解散等した場合には次の特例も設けられています。

すなわち、青色申告書を提出する法人に解散（適格合併による解散を除き

ます。)、事業の全部の譲渡、更生手続の開始その他一定の事実が生じた場合において、その事実が生じた日前1年以内に終了した事業年度又は同日の属する事業年度において生じた欠損金額があるときについて、繰戻還付の請求が認められています（法法80④）。

　この場合において、その還付請求は、上記1とは異なり、その事実が生じた日以後1年以内に行えばよいとされています。

〈解散した場合の欠損金の繰戻還付〉

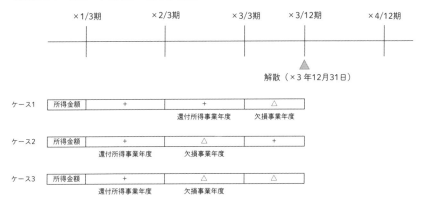

(2) 対象法人

　この特例は資本金の額による制限はなく、すべての法人に認められています（措法66の12①）。

3. 清算事業年度の場合

(1) 清算中の事業年度

　平成22年度の税制改正前は、法人が解散した場合には、清算予納申告の

250　第 4 章　事業再生の税務

制度はあったものの、最終的には財産法により課税所得（清算所得）を計算する仕組みとなっていました。そのため、清算中の各事業年度においては損益法をベースとする欠損金を観念することができませんので、繰戻還付を適用することができなかったと考えられます。

　平成 22 年度の税制改正により、清算所得課税が廃止となり、法人が解散した場合であっても、清算中の各事業年度につき、損益法により計算される各事業年度の所得に対する法人税が課されることとなりました（法法 5）。そのため、清算中の各事業年度においても欠損金を認識できることとなり、また、法人の清算プロセスに入っている清算事業年度においては、将来の所得と相殺する繰越控除の制度のみでは救済が十分でないとの配慮もあってか、清算中の各事業年度においては、法人の規模等にかかわらず繰戻還付の適用ができることとされました。

(2)　対象法人

　解散した場合の特例は資本金の額による制限はなく、すべての法人に認められています（措法 66 の 12 ①）。

4.　地方税の取扱い

　欠損金の繰戻還付は、地方税（事業税及び住民税）には適用がありません。そのため、法人税において繰戻還付に利用した欠損金は、法人事業税においては引き続き控除し（地令 21）、法人住民税においては還付を受けた法人税額を課税標準となる法人税額から控除します（地法 53 ㉓）。

（樽林）

Q53 粉飾決算をしていたときの法人税の還付

Q 粉飾決算をしていたときに納付していた法人税を還付してもらうことは可能でしょうか。

A 粉飾決算をしていたときの法人税については、直近1年間分は還付され、残額は5年間にわたって法人税額から控除されます。なお、破産した場合や企業再生事由が生じたとき等には控除を待たずに全額の還付が認められています。

なお、この制度は地方税（事業税及び住民税）にも規定があります。

1. 仮装経理をした場合の控除及び還付

(1) 仮装経理をした場合の法人税額の控除及び還付

　法人が仮装経理により過大申告を行って法人税額を過大に納付した場合には、税務署長が減額更正をした場合においても、その仮装経理法人税額については、原則として直近1年分しか還付されません（法法135①②）。

　そして、その還付されなかった法人税額については、その更正の日の属する事業年度開始の日から5年以内に開始する各事業年度の所得に対する法人税額から順次控除することとされており、5年経過後においてなお控除しきれない金額は還付されることになっています（法法70、135③）。

252　第 4 章　事業再生の税務

　仮装経理により納付した法人税額は、いわば国による不当利得のようなものですが、仮装経理を行ったことのペナルティとして即時の還付は認められていません。

（2）　仮装経理と粉飾決算

　仮装経理とは、事実に基づかず恣意的に課税所得を過大に計算することを意味しており、一般的な粉飾決算の概念よりもその範囲は制限されています。すなわち、法人の内部取引である引当金、評価損や減価償却費の過少計上は含まないものと解されており、会計処理基準の選択によるものも含まれません。また、保証債務をオフバランスにするなどの行為も、通常は法人税の課税所得に影響はありませんので対象とはなりません。

　一般的には、売上の過大計上、費用や原価の過少計上又は在庫の過大計上などが仮装経理に該当すると考えられています。

（3）　修正の経理
①　原則的な取扱い

　ところで、税務署長による減額更正は、法人がその後の事業年度においてその事実に係る修正の経理をし、かつ、その修正の経理をした確定申告書を提出するまでの間は、更正をしないことができるとされています（法法 129 ①）。

　なお、判例等によると、修正の経理とは、損益計算書の特別損益の項目において前期損益修正損等と計上して仮装経理の結果を修正することにより、その修正した事実を明示することが必要であるとされています（大阪地裁平成元年 6 月 29 日判決、前橋地裁平成 14 年 6 月 12 日判決）。

　また、修正経理により計上した前期損益修正損等の額は、その修正した事業年度の損金ではありませんので、同額を法人税申告書別表四で加算する必要があります。

〈粉飾決算と仮装経理の違い〉

手法	粉飾決算	仮装経理	コメント
架空売上（前倒し計上を含む）	○	○	売掛金に対する引当金の未計上の問題も派生する
過少仕入（後倒し計上を含む）	○	○	会計基準の問題も派生する
在庫の過大計上	○	○	実在在庫に対する評価の問題も派生する
費用の資産計上	○	△	開発費関係の支出など判断が困難な場合もある
繰延税金資産の過大計上	○	×	そもそも税務上の資産ではない
保証債務（未履行）の未計上	○	×	そもそも税務上の負債ではない
引当金の未計上	○	×	一般に内部取引は仮装経理に該当しない
評価損の未計上	○	×	同上
減価償却費の過少計上	○	×	同上
会計基準の変更	○	×	変更が合理的でない場合や期中変更の場合など
経過勘定（未払費用など）の未計上	○	×	仮装経理かどうかは法的な支払時期を基準に判断か

※上記は一般的な考えであり、すべてこのとおりに整理される訳ではありません。

254　第4章　事業再生の税務

以上のとおり、仮装経理による減額更正を希望する場合には、修正の経理をした確定申告書を提出する必要があることに留意してください。

②　過年度遡及会計基準

過年度遡及会計基準[6]においては、誤謬とは、原因となる行為が意図的であるか否かにかかわらないものとされていることから（過年度遡及会計基準4項(8)）、仮装経理も誤謬に該当するものと考えられます。そして、過去の誤謬の訂正は、原則として修正再表示[7]により行われ、会社法上の計算書類において、過年度の累積的影響額を当期首の資産、負債及び純資産の額に反映するとともに（過年度遡及会計基準21項）、誤謬の内容等を注記することとされています（過年度遡及会計基準22項）。

この修正再表示による処理は、損益計算書を経由せずに過去の誤謬を訂正するものですが、国税庁ホームページにおいて上記の前期損益修正損等による経理をしたものと同一視し得るものとして、修正の経理として取り扱われることが明らかにされています[8]。

6　企業会計基準第24号「会計方針の開示、会計上の変更及び誤謬の訂正に関する会計基準」企業会計基準委員会

7　「修正再表示」とは、過去の財務諸表における誤謬の訂正を財務諸表に反映することをいう（過年度遡及会計基準4項（11））。

8　国税庁ホームページ「法人が「会計上の変更及び誤謬の訂正に関する会計基準」を適用した場合の税務処理について（情報）問8」

2. 5年経過せずに還付される場合

上記のとおり、仮装経理による過大納付法人税額は、直近1年分を除き、5年間にわたって法人税額から控除されます。

しかし、解散して残余財産が確定する場合のように、その後の事業年度がない場合には5年間経過していなくても還付されることになっています（法法135③）。例えば、次のような場合がこれに当たります。

① 残余財産が確定したこと。

② 非適格合併により解散したこと。

③ 破産手続開始の決定による解散したこと。

また、次のような一定の企業再生事由が生じた場合にも、債権者への弁済を行い早期の再生が可能となるよう、次の事実が生じた日以後1年以内に過大納付法人税額の還付の請求ができることとされています（法法135④）。

① 更生手続開始の決定があったこと。

② 再生手続開始の決定があったこと。

③ 特別清算開始の決定があったこと。

④ 合理的な私的整理の事実があったこと。

3. 地方税の取扱い

上記の仮装経理の取扱いは、地方税（事業税及び住民税）にも適用されます（地法72の24の10、53�54～�56）。Q52の欠損金の繰戻還付の規定は地方税には適用がないこととの比較では留意したいところです。

ただし、地方税においては、直近1年間分の還付の規定はなく、原則として、すべて5年間で控除されます。

4. 消費税の取扱い

　消費税には、仮装経理をした場合の取扱いの規定はありません。そのため、過去の処理が事実と異なっていた場合には、更正の請求を行い、法定申告期限から5年以内であれば還付されることになります（通則法23）。

(樺林)

Q54 事業再生手続における租税債務の取扱い

Q 事業再生を行う場合に、租税債務についてはどのような取扱いになりますか。

A 租税債務（国や地方公共団体からすれば租税債権）は、原則として、すべての債権に先立って徴収されますので、租税債務を支払わなければ事業の再生は困難になります。

　なお、場合によっては本来の納税義務者ではなくても第二次納税義務が生じる場合がありますので注意が必要です。

1. 清算の場合に留意すべき事項

(1) 租税債権の優先の原則

　租税債権は、納税者の総財産について、法律に別段の定めがある場合を除き、すべての公課その他の債権に先立って徴収されます（徴収法8、地法14）。

　そのため、法人が解散し、普通清算手続や特別清算手続を行っていたとしても、税金を滞納している状況のままであれば、国税徴収法の規定による滞納処分が行われることになります。ただし、一時に納税をすることにより事業の継続が困難となるとき等には、納税の猶予（通則法46）や換価の猶予（徴収法151、151の2）の適用を受けることができる場合があります。しかし、本税が免除されることは原則としてありません。

258　第4章　事業再生の税務

　また、社会保険料や厚生年金保険料など公課と呼ばれるものについても、いずれも国税徴収の例により徴収することとされています（健保法183、厚年法89）。

　なお、株式会社等が課されるべき国税又は納付すべき国税を完納しないで清算結了の登記をしても、株式会社等は清算のために必要な範囲においてなお存続し、課されるべき国税又は納付すべき国税の納税義務を負うとされる（徴基通34-13）ことにも留意が必要です。

(2)　新型コロナ特例

　上記のとおり、現行法には、納税の猶予（通則法46）や換価の猶予（徴収法151、151の2）の規定がありますが、過去には、新型コロナウイルス感染症の影響により収入が大幅に減少している者に向けて、納税の猶予の特例（特例猶予）がありました。

　具体的な内容は次のとおりです。

① 令和2年2月1日から令和3年2月1日に納期限が到来する国税であること

② 新型コロナウイルス感染症の影響により、令和2年2月以降の任意の期間（1か月以上）において、事業等の収入が前年同期と比較して、概ね20％以上減少していること

③ 国税を一時に納付することが困難な場合であること

　以上の要件を満たしている場合には、所轄の税務署に申請すれば、納期限から1年間、納税の猶予（特例猶予）が認められます（新型コロナ税特法3）。

　なお、特例猶予が認められると、猶予期間中の延滞税は全額免除されます。また、申請に当たり、担保の提供は不要とされています。

　現在は、この特例の対象期間ではありませんが、納税が猶予されるということは、社会情勢等に柔軟に対応され得るものであると思います。

2. 破産の場合に留意すべき事項

　債務者が破産した場合に債権者が有する債権には、次のような種類と優先順位があります。

① 財団債権

② 優先的破産債権

③ 一般的破産債権

④ 劣後的破産債権

⑤ 約定劣後破産債権

　このうち、財団債権とは、破産手続によらないで破産財団から随時弁済を受けることができる債権をいいます（破産法2⑦）。

　租税債権については、破産手続開始前の原因に基づいて生じた租税債権であって、破産手続開始当時、まだ納期限の到来していないもの又は納期限から1年を経過していないものが財団債権となります（破産法148①三）。これら以外の租税債権は、優先的破産債権（破産法98①、徴収法8、地法14）又は劣後的破産債権（破産法99①一）になります。ただし、一般的な破産事件においては、債務者の財産は財団債権に満たないケースも多いため、納期限から1年を経過した租税債権は支払うことができないというのが実情です。

　なお、破産手続開始前の原因に基づいて生じた租税債権であるためには、納税義務の成立（通則法15）が必要であると考えられます。具体的には、法人税については事業年度終了の時、消費税については課税資産の譲渡等をした時になります。

3. 第二次納税義務

　第二次納税義務とは、本来の納税義務者に滞納処分をしても徴収すべき国税に不足すると認められる場合に限り、その者と一定の関係がある者に対し

て、二次的に納税義務を負わせる制度です。

　第二次納税義務にはいくつかの類型がありますが、事業再生の場面で留意すべきものには次のものがあります。それぞれ詳細な規定のため、条文を引用した上で解説します。

(1)　清算人等の第二次納税義務

　法人が解散した場合において、その法人に課されるべき、又はその法人が納付すべき国税を納付しないで残余財産の分配又は引渡しをしたときは、その法人に対し滞納処分を執行してもなおその徴収すべき額に不足すると認められる場合に限り、清算人及び残余財産の分配又は引渡しを受けた者は、その滞納に係る国税につき第二次納税義務を負う。ただし、清算人は分配又は引渡しをした財産の価額の限度において、残余財産の分配又は引渡しを受けた者はその受けた財産の価額の限度において、それぞれその責めに任ずる（徴収法34）。

　つまり、無制限に第二次納税義務を負うのではなく、清算人は分配又は引渡しをした財産の価額の限度において、残余財産の分配又は引渡しを受けた者はその受けた財産の価額の限度において、第二次納税義務を負うことになります。

(2)　事業を譲り受けた特殊関係者の第二次納税義務

　納税者が生計を一にする親族その他納税者と特殊な関係のある個人又は被支配会社で政令で定めるものに事業を譲渡し、かつ、その譲受人が同一又は類似の事業を営んでいる場合において、その納税者が当該事業に係る国税を滞納し、その国税につき滞納処分を執行してもなおその徴収すべき額に不足すると認められるときは、その譲受人は、譲受財産の価額の限度において、その滞納に係る国税の第二次納税義務を負う。ただし、その譲渡が滞納に係る国税の法定納期限より1年以上前にされている場合は、この限りでない（徴収法38）。

　この規定は、事業再生の場面において特に留意すべき取扱いです。

　事業再生の場面において、第三者であるスポンサーが新会社（受皿会社）を設立して納税者から適正な現金対価により対象事業の譲渡や分社型吸収分

割を受ける場合には、新会社は第二次納税義務を負うことはありません。

　しかし一方で、不動産取得税を非課税とする必要性等により（地法73の7二）、納税者が株式対価により分社型新設分割（あるいは受皿会社を設立した上で分社型吸収分割）により対象事業を切り出し、分割承継法人株式を第三者であるスポンサーに譲渡するケースについては、分割のタイミングにおいては分割承継法人は納税者と特殊な関係のある被支配会社に該当するため、第二次納税義務を負うこととなり注意が必要です。

(3)　無償又は著しい低額の譲受人等の第二次納税義務

　滞納者の国税につき滞納処分の執行をしてもなおその徴収すべき額に不足すると認められる場合において、その不足すると認められることが、当該国税の法定納期限の1年前の日以後に、滞納者がその財産につき行った政令で定める無償又は著しく低い額の対価による譲渡（担保の目的でする譲渡を除く。）、債務の免除その他第三者に利益を与える処分に基因すると認められるときは、これらの処分により権利を取得し、又は義務を免れた者は、これらの処分により受けた利益が現に存する限度（これらの者がその処分の時にその滞納者の親族その他滞納者と特殊な関係のある個人又は同族会社で政令で定めるものであるときは、これらの処分により受けた利益の限度）において、その滞納に係る国税の第二次納税義務を負う（徴収法39）。

　この規定も、事業再生の場面において留意すべき取扱いです。

　事業再生の場面において、第三者であるスポンサーに事業を譲渡することがあります。この場合において、事業の譲渡価額が「著しく低い額の対価による譲渡」に該当するかどうか判断に迷うことがあります。特に、譲渡後においてもしばらくは赤字が続くと見込まれる事業について、個別の資産負債の価額ではなく事業のキャッシュフローなどを基準に譲渡価額を決定した場合などが該当します。会計上、負ののれんが生じるケースになりますが、このような場合には譲渡価額の算定根拠等を説明できるようにしておくことが重要と考えます。

　また、再生会社の取締役が、会社に対する債権などを経営者責任の観点か

ら放棄することがあります。このような行為は社会通念上必要と解されており、又、合理的なものでもあると考えられますが、その取締役が滞納者である場合には、再生会社に第二次納税義務が課される可能性がありますので注意が必要です。

4. 租税債務の移転の可否

　事業譲渡や会社分割によって、再生の対象となる事業を第三者であるスポンサー等に移転する場合であっても、租税債務は法人自体に課されるものであると考えられることから、これを移転することはできません。仮に、事業譲渡契約や会社分割契約・計画にこれらを移転する記載があったとしても、当事者間の債権債務の関係に止まり、法的な移転効果は生じないと考えられます。

　なお、分割型分割の場合には、分割承継法人は分割法人から承継した財産の価額を限度として分割法人の国税について連帯納付責任がありますが（通則法9の3）、あくまでも連帯納付の責任であって、租税債務の移転とは異なります。

（樽林）

Q55 事業再生手続と外形標準課税

Q 事業再生を行う場合の外形標準課税について留意すべきことはありますか。

A 欠損てん補のために無償減資等を行った場合に、資本割の課税標準となる資本金等の額について法人税法とは異なる取扱いがあります。

また、法人が解散した場合にも特別な定めが設けられています。

なお、令和6年度の税制改正により対象法人が拡大されていますので留意が必要です。

1. 外形標準課税の概要

(1) 対象法人
① 原則的な取扱い

外形標準課税は、事業年度終了の日の資本金が1億円超の法人に対して課される法人事業税です（地法72の2①）。

具体的には、付加価値割額、資本割額及び所得割額の合計額が税額となります。

264　第4章　事業再生の税務

〈外形標準課税の税率（東京都）〉

区分	税率
付加価値割	1.26 %
資本割	0.525 %
所得割※	1.18 %

※　軽減税率不適用法人の場合

②　減資への対応

　ただし、令和7年4月1日以後に開始する事業年度については、当分の間、その事業年度の前事業年度に外形標準課税の対象であった法人は、その事業年度に資本金1億円以下であっても、資本金と資本剰余金の合計額が10億円超の場合には外形標準課税の対象となります（地法附則8の3の3）。

③　100％子法人等への対応

　また、令和8年4月1日以後に開始する事業年度については、資本金と資本剰余金の合計額が50億円超の外形標準課税の対象となる法人の100％子法人等のうち、資本金と資本剰余金の合計額（資本剰余金からの配当を行った場合にはその額を加算した金額）が2億円超のものは、その事業年度末日の資本金が1億円以下であっても、外形標準課税の対象となります（地法72の2①）。

　なお、この規定により新たに外形標準課税の対象となる場合には、次の期間に限り、従来の課税方式で計算した税額を超える金額のうち、次の一定割合を控除する負担軽減措置が設けられています（R6改正地法附則8②）。

　　イ　令和8年4月1日から令和9年3月31日開始事業年度
　　　　従来の課税方式で計算した税額を超える金額の2/3

　　ロ　令和9年4月1日から令和10年3月31日開始事業年度
　　　　従来の課税方式で計算した税額を超える金額の1/3

(2) 資本金の額の判定時期

資本金の額が 1 億円超かどうか、資本金と資本剰余金の合計額が 10 億円超かどうかの判定時期は、各事業年度終了の日の現況により判定します。ただし、清算中の事業年度又は残余財産が確定した日の属する事業年度については、解散の日の現況により判定します（地法 72 の 2 ②）。

会社法上、清算中の法人は減資ができませんので（会社法 509 ①二）、資本金を 1 億円以下にしたいのならば、解散前に減資の効力を生じさせておくことが必要です。

2. 無償減資等を行った場合の資本割の計算

事業再生を行う場合に、欠損てん補のために無償減資を行う場合があります。会計上は、資本金（又は資本準備金）の額を減少させ、利益剰余金のマイナスに充当することになりますが、法人税法上は、このような欠損てん補を行っても資本金等の額は変動しないこととされています（法令 8 ①）。

また、会計上は、利益剰余金の額を減少させて資本金の額を増加させる無償増資もあります。この場合であっても、法人税法上の資本金等の額は変動しません（法令 8 ①）。

外形標準課税における資本割の課税標準である資本金等の額の算定に当たっては、このような無償減増資が行われた場合においては、事業活動の規模に応じて課税するという外形標準課税の趣旨に考慮して、その無償減資の額を法人税法上の資本金等の額から減算し、また、無償増資の額を法人税法上の資本金等の額に加算することとされています（地法 72 の 21 ①）。

266　第4章　事業再生の税務

〈会計上のB/S〉

参考：法人税法上のB/S

欠損てん補前

諸資産	200	諸負債	200
		資本金	100
		利益剰余金	-100
	200		200

欠損てん補前

諸資産	200	諸負債	200
		資本金等の額	100
		利益積立金額	-100
	200		200

欠損てん補（100）

諸資産	200	諸負債	200
		資本金	0
		利益剰余金	0
	200		200

欠損てん補（100）

諸資産	200	諸負債	200
		資本金等の額	100
		利益積立金額	-100
	200		200

増資（100）

諸資産	300	諸負債	200
		資本金	100
		利益剰余金	0
	300		300

増資（100）

諸資産	300	諸負債	200
		資本金等の額	200
		利益積立金額	-100
	300		300

　図表は欠損てん補とその後の増資を行った例ですが、欠損てん補（100）をした後に増資（100）を行った場合の資本割の課税標準である資本金等の額は、100（欠損てん補前100 − 欠損てん補100 ＋ 増資100）となります。資本金等の額が法人の事業活動の規模であるという建前からすれば、増資を行った後においても従前の資本金の額に戻っただけですので、100を課税標準とすることは妥当であると考えます。

　なお、上記により計算した資本金等の額が、事業年度末の会社法上の資本金の額及び資本準備金の額の合計額に満たない場合には、資本割の課税標準である資本金等の額は、資本金の額及び資本準備金の額の合計額となることは、通常の取扱いの場合と変わりません（地法72の21②）。

3. 清算事業年度における外形標準課税

(1) 付加価値割額の計算

　付加価値割の課税標準の構成要素のうち単年度損益については、原則として法人税の所得計算の例によりますが、青色欠損金の繰越控除（法法57）の規定は適用しません（地法72の18②）。

　ただし、いわゆる期限切れ欠損金の損金算入（法法59）の規定は適用されることになっています（地法72の18①）。

(2) 資本割額の計算

　解散の日の属する事業年度については、解散の日が事業年度末となるため（地法72の13⑤）、その日の資本金等の額に応じて資本割額が課されます。

　なお、清算中の法人については、資本金等の額がないものとみなされるため（地法72の21①）、資本割額は課されません。

(3) 所得割額の計算

　所得割額は、原則として法人税の所得計算の例により、青色欠損金の繰越控除（法法57）及び災害損失金の繰越控除（法法58）の規定も適用して計算します（地法72の23①）。

　なお、法人税において欠損金の繰戻還付（法法80①）の適用を受けている場合には、その計算に使用された欠損金額は、法人事業税の所得の計算上、損金の額に算入されます（地令21）。これは、事業税には繰戻還付制度がないための調整です。

　また、いわゆる期限切れ欠損金の損金算入（法法59）の規定も適用されることになっています（地法72の23①）。

4. 残余財産確定の日の属する事業年度の外形標準課税

清算中の法人の残余財産が確定した場合には、残余財産の確定日を事業年度末とし、その日から1か月以内（その期間内に残余財産の最後の分配又は引渡しが行われるときは、その行われる日の前日まで）に申告納付しなければなりません。

この場合において申告納付すべき事業税は所得割のみとなっています（地法72の29③）。

なお、清算中の法人の残余財産の確定した日の属する事業年度の事業税は、法人税法上はその事業年度の損金の額に算入されることとなっていますが（法法62の5⑤）、所得割の計算上は損金の額に算入しないこととされています。これは、循環計算を排除する趣旨だと考えられます。

(樽林)

Q56 事業再生手続における減資

Q 事業再生を行う場合には減資をした方がよいという話を聞きました。どのようなメリットがあるのでしょうか。

A 事業再生を行う場合の減資のメリットとしては、①中小法人向けの税制の適用が可能となること、②減資による欠損てん補を行うことにより貸借対照表の外観を整えること、③減資により新たなスポンサー株主を受け入れやすくなることなどがあります。

1. 中小法人向けの税制の適用

　事業再生の場面では、債権者から債務の一部の免除を受けたり、免除には至らずともリスケに応じてもらったりするため、そのような負担に応じてくれた債権者への弁済は優先したいものです。そのためには、法人からの資金流出をなるべく抑え、債権者への弁済資金を確保する必要があります。

　法人税法等には資本金が1億円以下の中小法人向けの各種の税制があり、これらを利用することにより税金コストを抑えることは重要な選択肢となります。

270　第4章　事業再生の税務

資本金1億円以下の法人に適用される制度には次のものがあります。

(1)　法人税の軽減税率

年800万円までの所得金額について15％（原則23.2％）の軽減税率が適用されます（措法42の3の2①）。

なお、大法人（資本金5億円以上の法人）の100％子会社等には適用されません（法法66⑤）。また、適用除外事業者（過去3年間の平均所得金額が15億円超の法人等）は除かれます（措法42の3の2①）。

(2)　年800万円の交際費枠

年800万円までの金額は無条件に損金に算入することができます（措法61の4②）。

なお、大法人（資本金5億円以上の法人）の100％子会社等には適用されません（法法66⑤）。

(3)　繰越欠損金の100％控除

過去10年以内に生じた欠損金を100％控除することができます（法法57⑪一）。

なお、大法人（資本金5億円以上の法人）の100％子会社等には適用されません（法法66⑤）。

ただし、法的再生手続や合理的な私的整理手続を行う法人については、大法人や大法人の100％子会社等であっても約7年間にわたり100％控除が可能です（法法57⑪二）。

(4)　繰戻還付の適用

Q52の欠損金の繰戻還付の適用が可能になります（法法80①）。

なお、いわゆる新型コロナ税特法により、令和2年2月1日から令和4年

1月31日までの間に終了する各事業年度において生じた欠損金額について
は、資本金の額が10億円以下の法人（資本金10億円以上の大規模法人の
100％子会社等は除かれます。）にも適用が認められていました（新型コロナ
税特法7）。

(5) 少額減価償却資産の損金算入特例

取得価額が30万円未満の減価償却資産を取得した場合には、年300万円
の範囲内で一時に損金の額に算入することができます（措法67の5①）。

なお、適用除外事業者（過去3年間の平均所得金額が15億円超の法人等）
は除かれます（措法67の5①）。

(6) 留保金課税の不適用

特定同族会社の留保金課税が対象外とされます（法法67①）。

また、大法人（資本金5億円以上の法人）の100％子会社等は対象外と
はなりません（法法66⑤）。

なお、留保金課税の対象となる場合における留意点としては次のものがあ
ります。すなわち、留保金課税の計算の基礎となる留保金額は、その事業年
度の所得の金額のうち留保した金額が基準となるため、青色欠損金や期限切
れ欠損金の損金算入額があったとしてもこれらは考慮されません。そのた
め、欠損金の損金算入により当期の課税所得がゼロとなった場合であって
も、留保金額が留保控除額を上回る場合には、留保金課税の対象となるケー
スがあるため注意が必要です。

(7) 外形標準課税の不適用

法人事業税における外形標準課税の対象となりません（地法72の2①）。

なお、外形標準課税が対象とならない場合には、所得割額のみで事業税を
納付することになりますが、外形標準課税に比して必ずしも税額が少なくな

るわけではありませんので注意が必要です。

また、資本金が1億円以下であっても対象となる場合や、清算事業年度における留意点については、Q55を参照してください。

(8) 租税特別措置法上の特別控除、特別償却の適用

租税特別措置法上の特別控除や特別償却制度の多くについて適用が可能です。

なお、大規模法人（資本金1億円以上の法人）の子会社等や適用除外事業者（過去3年間の平均所得金額が15億円超の法人等）は除かれます。

2. 欠損てん補による貸借対照表の整理

欠損が多額にあると取引先や金融機関からの評価は相対的に低くなります。また、欠損がある場合には、その後に利益が生じたとしても、会社法上、剰余金の分配可能額がプラスにならないと配当などができません。

そのため、資本金や資本準備金により欠損てん補を行い、貸借対照表の外観を整えることが考えられます。

〈欠損てん補 90 を行った場合〉

欠損てん補前

諸資産	200	諸負債	190
		資本金	100
		利益剰余金	-90
	200		200

欠損てん補（90）

諸資産	200	諸負債	190
		資本金	10
		利益剰余金	0
	200		200

　図表のとおり、純資産の額は 10 で変更はありませんが、その構成は異なります。現実的な違いとしては、欠損てん補後に利益が生じた時にはその額が分配可能額となり配当などが可能になることだと思われます。資本金による欠損てん補の場合の会社法上の手続としては、資本金を減少させてその他資本剰余金とした上で（会社法 447）、その他資本剰余金をマイナスの利益剰余金に充当することになります（会社法 452）。

　なお、会計上、「負の残高になった利益剰余金を、将来の利益を待たずにその他資本剰余金で補うのは、払込資本に生じている毀損を事実として認識するものであり、払込資本と留保利益の区分の問題にはあたらない」（企業会計基準第 1 号「自己株式及び準備金の額の減少等に関する会計基準」61 項）とされています。

3. 新たなスポンサー株主の受入れ

　事業再生は文字どおり事業を再生することが目的です。会社の営む事業、取引先との関係又は従業員の雇用を守ることが第一であり、一般的には、従

前の経営者や株主がそのままの地位に留まることを意味しません。むしろ、これらの者には窮境となった責任があると考えられており、事業再生の場面では経営者責任や株主責任といった用語も聞かれます。

再生企業が新たなスポンサーを招へいする場合、既存株主の退出が条件となる場合があります。そのためには株主を代える必要がありますが、単に株式を譲渡する方法よりむしろ、100％の株式消却を行った後にスポンサーによる第三者割当増資を受けるという方法が多く採られます。これによれば、既存株主に代わってスポンサーが新たな株主となり、会社にも増資資金が入るため、その資金を利用することによりスムーズに事業再生を行うことができるからです。

100％消却の方法としては、現在は強制消却（株式を株主の手元に置いたまま消却すること）ができませんので、いったん自己株式にしてから消却する必要があります。自己株式にする方法としては、一般的には株式価値がないと考えられることから、株主から無償で会社に譲渡してもらう方法若しくは全部取得条項付種類株式（会社法171）を利用する方法などが考えられます。

また、スポンサーによる増資を受けるときには、従前の資本金による欠損てん補をセットで行うこともあります。欠損てん補100及び無償取得した株式の消却を行った後にスポンサーによる増資100を受けた場合の貸借対照表は図表のとおりです。

〈欠損てん補 100 と増資 100 を行った場合〉

欠損てん補前

諸資産	200	諸負債	200
		資本金	100
		利益剰余金	-100
	200		200

欠損てん補（100）と無償株式取得＋株式消却

諸資産	200	諸負債	200
		資本金	0
		利益剰余金	0
	200		200

スポンサーによる増資（100）

諸資産	300	諸負債	200
		資本金	100
		利益剰余金	0
	300		300

（樗林）

276　第4章　事業再生の税務

Q57　中小企業の事業再生等に関するガイドライン（再生型手続）の税務上の取扱い

Q　「中小企業の事業再生等に関するガイドライン（再生型手続）」（以下、中小企業ガイドライン）に関する税務上の取扱いはどのようなものでしょうか。他の私的整理手続との違いも教えてください。

A　中小企業ガイドラインは準則型私的整理手続ですが、資産評定基準等が設定されておらず、事業再生ADR等で認められている債務者会社における資産評価損の計上は、中小企業ガイドラインでは認められていません。また、青色欠損金に先立って期限切れ欠損金を優先的に利用することも、中小企業ガイドラインでは認められていません。

中小企業ガイドラインにおける税務上の取扱いは、中小企業再生支援スキームではない、通常の中小企業活性化協議会スキーム等における税務上の取扱いと同様となっています。

1．私的整理手続における法人の税務の概要比較

　準則型私的整理手続における税務上の取扱いについては国税照会が行われており、各手続の税務上の取扱いを比較すれば、次表のとおりです。

Q 57　中小企業の事業再生等に関するガイドライン（再生型手続）の税務上の取扱い　　277

	中小企業ガイドライン（再生型手続）	中小企業活性化協議会（協議会スキーム）	中小企業活性化協議会（中小企業再生支援スキーム）	事業再生ADR	特定調停（日弁連スキーム）
①資産評価損の損金算入	不可	不可	可	可	不可
②期限切れ欠損金の損金算入	可	可	可	可	可
③欠損金の充当順位	青色欠損金から充当	青色欠損金から充当	期限切れ欠損金から充当	期限切れ欠損金から充当	青色欠損金から充当
④債権者の債権放棄損	法人税基本通達9-4-2	法人税基本通達9-4-2	法人税基本通達9-4-2	法人税基本通達9-4-2	法人税基本通達9-4-2
⑤保証人の保証履行のための資産譲渡	譲渡所得が非課税	譲渡所得が非課税	譲渡所得が非課税	譲渡所得が非課税	譲渡所得が非課税

　中小企業活性化協議会（中小企業再生支援スキーム）、及び事業再生ADRでは、資産評価損の損金算入、期限切れ欠損金の優先充当が認められていますが、中小企業ガイドライン、通常の協議会スキーム、特定調停の日弁連（日本弁護士連合会）スキームでは認められていません。

　上表すべての私的整理手続において認められているのは、期限切れ欠損金の損金算入、債権者の債権放棄損の損金算入、保証人による保証履行のための資産譲渡における譲渡所得の非課税扱いです。

　以下では、中小企業ガイドラインにおける税務上の取扱いについて、具体的に説明していきます。

278　第4章　事業再生の税務

2. 資産評価損の損金算入

　中小企業ガイドラインでは、資産評定基準が規定されておらず、税務上も資産評価損の損金算入は認められていません。この点、資産評定基準が定められており、資産評価損の損金算入が可能である事業再生 ADR 等とは取扱いが異なっています。

　中小企業ガイドラインにおいて、資産評価損の損金算入ができないために、債務免除益課税が生じてしまう可能性が考えられますが、スポンサーによる再生を図る場合には、事業譲渡や会社分割を用いた第二会社方式を採用して、債務免除益課税の回避を検討することとなります。

3. 期限切れ欠損金の損金算入と充当順序

　中小企業ガイドラインでは、期限切れ欠損金の損金算入が認められることが国税照会により確認されています。すなわち、法人税基本通達 12-3-1(3) の「債務の免除等が多数の債権者によって協議の上決められる等その決定について恣意性がなく、かつ、その内容に合理性があると認められる資産の整理があったこと」に該当することから、期限切れ欠損金が損金算入されます（法法 59 ③）。

　ただし、期限切れ欠損金の充当順序については、欠損金控除前の所得に対して、まず青色欠損金を充当し、なお控除しきれない所得がある場合に限って、期限切れ欠損金を充当することとなります。言い換えれば、期限切れ欠損金を青色欠損金に優先して充当することは認められていません。このため、青色欠損金を超えて期限切れ欠損金を利用した場合には、（期限切れ欠損金が残っていても）青色欠損金を使い切って控除未済青色欠損金がない状態となるため、翌期以降に欠損金を繰り越して、翌期以降の法人税等を節減するケースは想定できないこととなります（Q50 参照）。

4. 青色欠損金の控除制限

　資本金 1 億円以下の中小法人等を除き、青色欠損金等の控除限度額については、欠損金控除前所得の 50 ％相当額に制限されています（法法 57 ①）。

　ただし、再建中の法人の特例として中小法人等以外の法人でも、50 ％相当額に制限されることなく全額を損金算入できる措置が講じられています。中小企業ガイドラインを適用している法人についても、再建中の法人に該当し、上記特例が適用されるものと考えられます。

　具体的には、中小企業ガイドラインの事業再生計画の成立日の翌日以後 7 年を経過する日までの期間内の日の属する事業年度について青色欠損金等の控除制限を受けない取扱いとなります（法法 57 ⑪二）。ただし、事業の再生が図られたと認められる一定の事由が生じた場合には、特例の対象から除外され、その欠損金の控除額は、原則どおり、欠損金控除前所得の 50 ％相当額とされます。中小企業ガイドラインにおける「一定の事由」とは、①その法人が金融商品取引所等に上場されたこと、②その法人が店頭売買有価証券登録原簿に登録されたこと、③その法人の再建計画で定められた弁済期間が満了したこと、④その法人の対象債権のすべてが債務免除、弁済その他の事由により消滅したことです。

5. 仮装経理の過大納付税額の取扱い

　仮装経理による過大申告を行って法人税額を過大納付した場合の原則的な税務の取扱いとしては、過大納付税額に対する更正決定が行われた場合でも、その過大納付税額は直近 1 年分しか還付されません（法法 135 ①②）。その還付されなかった法人税額については、その更正の日の属する事業年度開始の日から 5 年以内に開始する各事業年度の所得に対する法人税額から順次控除することとされており、5 年経過後においてなお控除しきれない金額

が還付されることとなっています（法法70、135③）。

この取扱いに関して、一定の企業再生事由が生じた場合の特例があります
が、中小企業ガイドラインの場合にもこの特例が適用され、過大納付法人税
額の即時還付を受けることができると考えられます。すなわち、中小企業ガ
イドラインによる事業再生計画案が成立した場合には、その事実が生じた日
以後1年以内に過大納付法人税額の還付請求ができるものと考えられます
（法法135④、法令175②、法規60の2①）（Q53参照）。

6. 個人債務者の債務免除益の非課税扱い

個人が法人から債務免除を受けた場合、税務上、原則的には事業所得や雑
所得として所得税の課税対象となります。ただし、破産法に規定する免責許
可の決定又は再生計画認可の決定があった場合、その他資力を喪失して債務
を弁済することが著しく困難である場合にその有する債務の免除を受けたと
きは、当該免除により受ける経済的な利益の価額については、その者の各種
所得の金額の計算上、総収入金額に算入しない（所法44の2①）とされて
おり、債務免除益が非課税扱いとなる特例が設けられています。

この特例の適用に当たっては、中小企業ガイドラインの再生計画案に基づ
く債務免除が、「資力を喪失して債務を弁済することが著しく困難である場
合」に該当するかが問題となります。この点、中小企業ガイドラインの"廃
業型手続"については、「資力を喪失して債務を弁済することが著しく困難
である場合」に該当することが国税照会によって確認されていますが、"再
生型手続"における個人債務者の債務免除益の取扱いについては国税照会が
行われていません。

このため、再生型手続の場合にどのような取扱いとなるのか検討が必要と
なりますが、「資力を喪失して債務を弁済することが著しく困難である場合」
の具体的な内容として、所得税基本通達によれば、破産法の規定による破産

手続開始の申立て又は民事再生法の規定による再生手続開始の申立てをした
ならば、破産法の規定による免責許可の決定又は民事再生法の規定による再
生計画認可の決定がされると認められるような場合とされています（所基通
44 の 2-1）。

　この点、中小企業ガイドラインの再生型手続においては、第三者支援専門
家によって、金融支援の必要性、金融支援の内容の相当性と衡平性、清算価
値との比較による経済合理性等について調査・検証が行われ、その結果は対
象債権者に報告されることになります。すなわち、このような第三者支援専
門家による調査・検証を経て再生計画案が対象債権者全員の同意を得て成立
した場合、基本的には、債務を弁済することが著しく困難な状況に陥ってお
り、民事再生開始の申立てをしたならば再生計画認可決定がされると認めら
れるような場合に該当するケースが多いものと考えられます。

　したがって、中小企業ガイドラインの再生計画案に基づく債務免除は、基
本的には、所得税法 44 条の 2 の「資力を喪失して債務を弁済することが著
しく困難である場合」に該当し、税務上、債務免除益の非課税扱いが認めら
れるケースが多いものと考えられます。

7. 保証債務履行のための資産譲渡に係る所得税の非課税扱い

　保証債務を履行するための資産の譲渡があった場合、その履行に伴う求償
権の全部又は一部を行使することができないこととなったときは、その行使
することができないこととなった金額は、特例として譲渡所得等が非課税と
されています（所法 64 ②）。

　この特例の適用に当たっては、求償権を行使できなくなったかどうかの判
定が問題となりますが、国税照会にて以下のとおり確認されています。中小
企業ガイドラインの再生計画案に基づいて求償権が放棄された場合は、合理

的な事業再生計画等に基づき行われる求償権の放棄であり、経営責任の明確化等の観点から行われるもので、対象債権者が債権放棄等を行う前提となっています。したがって、当該求償権は放棄せざるを得ない状況にあると考えられ、対象債務者が求償権の放棄を受けた後においてもなお債務超過の状況にあるときは、原則として所得税法64条2項が適用されて譲渡所得等が非課税の取扱いとなります（Q68参照）。

8. 債権者の債権放棄損等の損金算入

　債権者である企業が取引先等を再生するために債権放棄等をした場合の税務上の取扱いについては、法人税基本通達9-4-2に規定されており、合理的な再建計画に基づくものである等その債権放棄等について相当の理由があるときは、当該債権放棄損は寄附金に該当しないものとされ、税務上損金の額に算入することができます。

　中小企業ガイドラインの再生型手続によって行われた債権放棄損等については、法人税基本通達9-4-2にいう合理的な再建計画に基づく債権放棄等であることが国税照会で確認されています。すなわち、全ての対象債権者の同意を得て策定・成立した再生計画案については、支援額の合理性、支援者による適切な再建管理、支援者の範囲の相当性及び支援割合の合理性等のいずれも有するものと考えられます。このことを前提とすれば、中小企業ガイドラインの再生型手続に基づき策定された再生計画案により債権放棄等が行われた場合には、原則として、法人税基本通達9-4-2にいう合理的な再建計画に基づく債権放棄等であると考えられ、債権者の債権放棄損等は税務上損金の額に算入することができます（Q66参照）。

（大森）

Q58 中小企業の事業再生等に関するガイドライン（廃業型手続）の税務上の取扱い

Q 「中小企業の事業再生等に関するガイドライン（廃業型手続）」（以下、中小企業ガイドライン）に関する税務上の取扱いはどのようなものでしょうか。中小企業ガイドラインの再生型手続との違いも教えてください。

A 中小企業ガイドラインの廃業型手続の税務上の取扱いは、対象債務者が法人である場合も個人である場合も、再生型手続とほぼ同様の取扱いとなっているものと考えられます。

　ただし、対象債務者が個人である場合の債務免除益の取扱いについては、再生型手続では国税照会が行われていませんが、廃業型手続では非課税扱いとなることが国税照会で確認されています。

1. 廃業型手続と再生型手続における法人の税務の概要比較

　中小企業ガイドラインの廃業型手続と再生型手続について、対象債務者が法人である場合の税務上の取扱いを比較すれば、下表のとおりです。適用規定は異なるものもありますが、結果としては、ほぼ同様の取扱いとなっています。

284 第4章 事業再生の税務

	中小企業ガイドライン （廃業型手続）	中小企業ガイドライン （再生型手続）
①資産評価損の損金算入	不可	不可
②期限切れ欠損金の損金 算入	可	可
③欠損金の充当順位	青色欠損金から充当	青色欠損金から充当
④実在性のない資産の損 金算入	可	可
⑤仮想経理の更正に伴う 法人税額の即時還付の 特例	可	可
⑥債権者の債権放棄損	法人税基本通達 9-6-1（3）	法人税基本通達 9-4-2
⑦保証人の保証履行のた めの資産譲渡	譲渡所得が非課税	譲渡所得が非課税

（1）　実在性のない資産の損金算入

　実在性のない資産については、国税庁の質疑応答事例において、客観性が担保された手続により実在性のないことが明らかにされた場合には、欠損金として処理することができることとされています。

　中小企業ガイドラインの廃業型手続では、実態貸借対照表の作成によって実在性のないことが明らかにされ、当該実態貸借対照表を含む再生計画案について第三者支援専門家による調査・検証が行われるなど「客観性が担保された手続」と考えられるため、実在性のない資産を欠損金として処理することが認められるものと考えられます（Q51参照）。

（2）　債権者の債権放棄損の損金算入

　中小企業ガイドラインの廃業型手続に従って策定された弁済計画に基づく債権放棄損は、その税務上の取扱いについて国税照会によって以下のとおり

確認されています。

　廃業型手続に従って策定された弁済計画に基づく債権放棄は、その手続が民事再生法における再生計画に係る一連の手続に準じており、対象債務者は破産法又は民事再生法による債務整理の対象となる者であるとともに、その債権放棄額も破産手続による免責額の範囲内であり、保証債務の履行を求める部分については債権放棄が行われず、また、弁済計画案は外部専門家の支援の下に作成され、当該弁済計画案の内容について第三者支援専門家が調査し、相当性及び実現可能性等を確認するといった過程を踏まえて、最終的に全ての対象債権者の同意により弁済計画が成立することになります。このことからすれば、当該弁済計画に基づく債権放棄額については、法人税基本通達9-6-1(3)ロにおける「行政機関又は金融機関その他の第三者のあっせんによる当事者間の協議により締結された契約で、その内容が債権者集会の協議決定で合理的な基準により債務者の負債整理を定めているものに準ずるものにより切り捨てられることとなった部分の金額」に該当すると考えられるので、原則として貸倒損失として損金の額に算入されることとなります。

2. 個人債務者の債務免除益の非課税扱い

　個人が法人から受けた債務免除について、破産法に規定する免責許可の決定又は再生計画認可の決定があった場合その他資力を喪失して債務を弁済することが著しく困難である場合にその有する債務の免除を受けたときは、各種所得の金額の計算上、総収入金額に算入しない、とされており、債務免除益が非課税扱いとなる特例が設けられています（所法44の2①）。また、上記の「資力を喪失して債務を弁済することが著しく困難である場合」とは、「破産法の規定による破産手続開始の申立て又は民事再生法の規定による再生手続開始の申立てをしたならば、破産法の規定による免責許可の決定又は民事再生法の規定による再生計画認可の決定がされると認められるような場

合」とされています（所基通44の2-1）。

　この特例の適用について、中小企業ガイドラインの廃業型手続に従って策定された弁済計画による個人事業者の債務整理に基づく債務免除について、以下の取扱いとなることが国税照会により確認されています。

　中小企業ガイドラインの廃業型手続において、対象債務者となる個人事業者は、過大な債務を負い、既存債務を弁済することができないこと、又は近い将来において既存債務を弁済することができないことが確実と見込まれることから、破産手続開始の原因となる「支払不能」又は民事再生手続開始の条件である「破産手続開始の原因となる事実の生ずるおそれがあるとき」と同様の状態にある者とされています。したがって、廃業型手続において対象債務者となる個人事業者は、所得税法第44条の2第1項に定める「資力を喪失して債務を弁済することが著しく困難である場合」に該当し、弁済計画に基づく債務免除益については、同項の規定により、各種所得の計算上、総収入金額に算入しないものとされ、非課税の取扱いとなります。

（大森）

> **Column**

DES と疑似 DES

　債務を株式に振り替えることを DES（Debt Equity Swap）といい、事業再生中の会社が債務超過を脱却するために行われる場合があります。

　法手続としては、金銭債権の現物出資となりますが、100％グループ会社内で行われる場合は適格現物出資に該当し税務上の損益は生じません。

　しかし、100％グループ外の会社が行う場合は非適格現物出資に該当し、簿価と時価の差額について税務上は損益を認識します。すなわち、債権者側では債権の譲渡損、債務者側では債務消滅益が発生します。

　他方、疑似 DES といわれる金銭出資と債務の返済は、出来上がりは DES と同じです。

　しかし、法手続が DES（現物出資）とは相違するため、税務上損益は認識されないのが原則です。しかしながら、疑似 DES は租税負担を回避する目的で行われたと税務当局が認定し、否認されるリスクがあると言われております。

（植木）

第5章

事業再生の税務
（自力再生型）

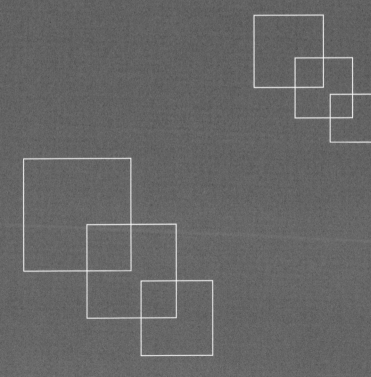

Q59 自力再生時に留意すべき税務ポイント

Q 3年前に、事業の多角化を目指して始めた事業が赤字続きのため、今般やめることにしました。しかし、当該事業により背負った債務額が大きいので、民事再生手続で債務カットをしてもらうことを前提として、自力再生したいと思っています。

このような場合、税務面等で留意すべきポイントを教えてください。

自力再生時の主な税務問題は、債務免除益課税、滞納税金問題です。

民事再生手続には、DIP型といわれる自力再生型とスポンサー型（M＆Aや第三者資本注入方式）がありますが、自力再生を志向されるとのこと、頑張ってください。

自力再生の場合、当該会社自体を従前どおり利用するため、以下の税務問題について留意が必要です。

1. 債務免除益課税

　民事再生手続などで、金融機関などの債権者から債務をカット（債務免除）してもらうと、会計上・税務上、債務免除益が計上されます。債務免除益を減殺する財源としては、欠損金（過去の損失）と当期の損失になりますが、欠損金は青色欠損金（過去10年以内の損失）に加えて期限切れとなった欠損金（過去10年より古い損失等）についても損金算入が認められます。また、資産に含み損がある場合には評価損の計上を検討する必要があります。

　債務免除益課税の詳細はQ60を参照ください。

2. 滞納税金

　公租公課は、民事再生手続の枠外で、再生手続の制限を受けることなく定められた期日に納税をする必要があります。

　滞納税金（税金や社会保険料）がある場合、税金はカットの対象になりませんし、税金は優先債権とされるため他の債務に先立って徴収されます。

　滞納税金の金額が大きい場合には、税金の納付に資金が優先配分され、再生計画（弁済計画）の策定が難しくなりますが、納税の猶予制度（通則法46①）などの利用を税務当局と交渉し、再生計画を策定する必要があります。

（植木）

292　第 5 章　事業再生の税務（自力再生型）

Q60 自力再生時の債務免除益課税対策

Q 　再生中の会社が債務の免除を受けることにより発生する債務免除益は、資金的な入金がないにもかかわらず法人税の課税対象になると聞きました。
　何か課税を避ける対応策はあるのでしょうか。

A 　債務免除益は、法人税の課税対象になりますが、法人税の所得計算は、債務免除益を抜き出して計算するものでなく、法人全体の一事業年度の儲け（益金）と損（損金）を差し引きして計算するので、債務免除益は売上などと同様に会社の儲けとして法人税課税の対象になります。
　債務免除益の課税対策としては、主に 2 種類の欠損金（青色欠損金と期限切れ欠損金）と資産の評価損によって減殺することを検討します。

1.　再生中の会社の債務免除益

　事業再生が必要な会社は、貸借対照表が毀損していることが多く、その場合には実態貸借対照表の債務超過部分又は一定期間経過後の債務超過予定額（基準日債務超過額— 一定期間の利益）について債務免除を受けることが事実上の再生の要件となります（債務超過の解消のため）。

〈債務超過額部分の債務免除を受けた場合の例〉

債務の免除を受けた場合、債務者は債務の消滅という経済的利益を受けるので、会計上は「債務免除益」が計上され、法人税法上も益金となります。債務免除益は、キャッシュインを伴わないため、課税が発生すると、納税資金に困りますし、そもそも資産の毀損部分なので、納税について債権者の理解は得にくいものです。また、債務免除益課税は過剰免除（免除後に資産超過となる免除行為）の疑いを想起させるので、そうならないような対策によって避ける必要があります。

2　資産の評価損と期限切れ欠損金

簿価貸借対照表と実態貸借対照表の差は資産の含み損と欠損金の累計額ですから、それらの損失を税務上の損金として処理できないかが課題となります。

294 第5章 事業再生の税務（自力再生型）

また、再生の局面に限られませんが、不要資産や遊休資産の売・除却、回収不能債権の貸倒れ処理などによる損出しを進める必要があります。

(1) 資産の評価損

法定整理（民事再生・会社更生）、及び準則型の私的整理（事業再生ADR、中小企業活性化協議会スキーム）の場合、税法上、資産の評価損が認められます（法法33②③④）。

税法上の評価損規定は少し複雑で、民事再生手続の場合には開始決定時評価損と認可決定時評価損の選択が認められ（法法33②④）、会社更生手続及び準則型私的整理の場合は認可決定時評価損（法法33③④）になります。

民事再生手続で開始決定時評価損を選択した場合に、評価損が認められる資産は、金銭債権を除く資産となります（法法33②、法令68①、法基通9-1-3の2）。他方、民事再生手続で認可決定時評価損を選択した場合、及び会社更生手続及び準則型私的整理の場合は、過去5年内に圧縮記帳の適用を受けた資産等以外の資産について評価損計上が認められます（法法33③④）。なお、認可決定時評価損の場合は、評価損だけでなく評価益の計上も必要となるので注意が必要です（法法25③）。

上記以外の特定調停や非準則型の私的整理の場合は、資産の評価損は原則認められません。

(2) 期限切れ欠損金

欠損金には10年内に発生した青色欠損金とそれより古い期限切れ欠損金がありますが、事業再生の場合は、青色欠損金に加えて期限切れ欠損金も損金に算入できます（法法59①②）。

なお、評価損規定と異なり、期限切れ欠損金については一定の特定調停や非準則型の私的整理でも適用できます。通常は、青色欠損金から先に損金算入し、足りない時に期限切れ欠損金を損金算入しますが、認可決定時評価損

を選択した場合は期限切れ欠損金から損金算入できます。期限切れ欠損金は債務免除益等しか減殺できませんが、青色欠損金は何でも減殺できるため、期限切れ欠損金を先に損金算入し青色欠損金を次年度以降に温存した方が有利となるケースが多いと思います。

(3) まとめ

事業再生時の税務特例をまとめると以下のとおりです。

〈再生手続における選択のバリエーション〉

手続		評価益 (法法 25)	評価損 (法法 33)	帳簿処理	欠損金 (法法 59)	
					適用順序	評価益含むか否か
民事再生手続	開始決定時評価損	—	○ 法 法 33 ②、法 令 68、法基通 9-1-5、9-1-16 開始決定により	オンバランス	青色から適用（法法59②）	—
	認可決定時評価損	○ 法法 25 ③認可時	○ 法法 33 ④認可時	オフバランス＝別表調整	期限切れから適用（法法 59②）	○
合理的な私的整理手続		○ 法法 25 ③計画合意時等	○ 法法 33 ④計画合意時等	オフバランス＝別表調整	期限切れから適用（法法 59②）	○
会社更生手続		○ 法法 25 ②認可時	○ 法法 33 ③認可時	オンバランス	期限切れから適用（法法 59①）	○

（植木）

296 第5章 事業再生の税務（自力再生型）

Q61 事業再生手続における評価損益

Q 　民事再生手続の申立てを予定していますが、民事再生にかかわる税制は複雑と聞きました。留意すべき税務について教えてください。

A 　民事再生手続に係る事業再生税制は、選択肢が認められる分、やや複雑です。

　選択肢としては、評価益を計上するかしないか、評価損は開始決定時評価損とするか認可決定時評価損とするか、などがあります。

1. 評価益を計上するか、しないか

　再生会社が含み益のある資産を有する場合、評価益を計上するか（加えて、期限切れ欠損金の優先適用可能）、評価益を計上しないか（この場合、期限切れ欠損金よりも青色欠損金が先に適用される）、の選択が求められます。

　選択のメルクマールとしては、含み益資産を有していて、その資産が譲渡予定であるかどうかです。

　譲渡予定資産がある場合、評価益を計上した方が断然有利です。つまり、資産譲渡益に対しては欠損金の損金算入は認められていませんが、評価益を計上し、評価増し後に資産譲渡することで事実上資産譲渡を無税化できるス

キームが構築できます。

　他方、本社や主たる工場のような長期所有目的の資産については、評価益を計上し簿価増しをするメリットは乏しいでしょうから、評価益を計上しない扱いが基本になります。

　なお、欠損金を十分利用する計画がない場合（評価益を吸収できる欠損金がある場合）は評価益を計上しておいた方が将来において有利となるケースもあると思われます。

　結局、評価益を計上し帳簿価額を増額した場合としない場合の事業計画・欠損金の利用計画を比較し、有利な方を選択すべきといえます。

2. 評価損の計上は、開始決定時評価損（法法33②取扱い）とするか、認可決定時評価損（法法33④取扱い）とするか

　評価損の計上について、開始決定時評価損（法法33②）と認可決定時評価損（法法33④）の相違は何かというと、欠損金の取扱いです。認可決定時評価損を適用すると期限切れ欠損金から利用できるのに対し、開始決定時評価損は青色欠損金から先に利用しなければなりません。

　なお、平成25年4月1日前の再生計画認可決定発生の場合に限り、認可決定時評価損は差額少額資産（資産の価額と帳簿価額との差額が資本金等の金額の1/2か1,000万円（有利子負債10億円未満の場合は100万円）のいずれか少ない金額に満たない資産）が適用除外とされるので、含み損のある差額少額資産が多い会社の場合には開始決定時評価損の方が有利になると思われます。

　また、認可決定時評価損は評価損と評価益の計上がセットになりますが、含み益を有する資産がない場合には評価損だけを計上することが認められています。

3. 青色欠損金と期限切れ欠損金が競合するケース

　認可決定時評価損は、期限切れ欠損金を先に利用し青色欠損金を後年度に繰り越すことが可能です。したがって、認可決定年度に欠損金が残るようなケースでは認可決定時評価損を適用し、青色欠損金を残した方が有利と思われます。

4. 債権評価損がある場合

　平成 21 年度税制改正において、評価損対象資産の制約がなくなり、金銭債権についても評価損の対象に該当することになりました。

　しかし、民事再生手続で開始決定時評価損を適用する場合、金銭債権は評価損対象資産に該当しないこととされています（法基通 9-1-3 の 2）。その理由としては、金銭債権に関する含み損については、企業会計における処理と同様に貸倒引当金（法法 52）の定めに従って損金算入されることとなるためです（平成 21 年度税制改正の解説／財務省）。

　認可決定時評価損（法法 33 ④）を適用する場合は金銭債権の評価損を計上することが可能なため、金銭債権の評価損が大きいときには、認可決定時評価損が有利といえます。

（植木）

Q62 民事再生と私的整理の税務相違点

Q 事業再生に際し、民事再生を選択するか、私的整理を選択するかを検討しています。
税務規定の相違について教えてください。

A 民事再生と私的整理では、主に、期限切れ欠損金と資産評価損の規定に相違があります。

　事業再生手続は、事業の毀損が軽度の場合は私的整理において代表的なリスケジュール（リスケ）、事業の毀損が重度の場合は法的整理による債権カットが、一般的に選択されます。最近では、事業毀損が大きい場合でも、金融債権者のみ債権カットする（商取引債権者は債権カットしない）私的整理が選択されることがあります。

　税務特例は、債権カットの場面で主に検討しますが、主な税務特例としては期限切れ欠損金と資産の評価損です。民事再生等の法的整理と私的整理ではこれらの規定が相違します。

<参考図>

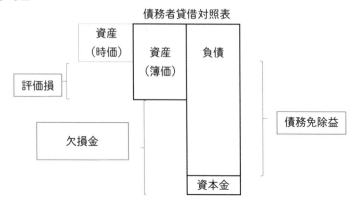

評価損＝資産時価－資産簿価
欠損金＝負債＋資本金－資産簿価
債務免除益＝負債－資産時価

1. 期限切れ欠損金

　法人が債務の免除や私財提供（以下、「債務免除等」といいます。）を受けた場合、債務免除益等に対する不合理な課税を防ぐため、期限切れ欠損金についても損金算入が認められます。

①　法的整理手続

　民事再生や会社更生の開始決定があった場合、期限切れ欠損金の損金算入が認められます（法法59①②）。

②　私的整理手続

　債務の免除等が多数の債権者によって協議の上決められる等その決定について恣意性がなく、かつ、その内容に合理性があると認められる資産の整理

がある場合には、法人税法施行令第117条の3第4号の再生手続開始の決定に準ずる事実等に該当し、期限切れ欠損金の損金算入が認められます（法基通12-3-1(3)）。

一定の特定調停スキーム、すなわち、所定の手順に従って策定された再建計画が特定調停手続を経て成立し債務免除を受けた場合、債務者は法人税基本通達12-3-1(3)の債務免除等が多数の債権者によって協議の上決められる等その決定について恣意性がなく、かつ、その内容に合理性があると認められる資産の整理があったことに該当するため、期限切れ欠損金の損金算入が認められます。

③　欠損金の損金算入順序

青色欠損金がある場合、青色欠損金から先に損金算入し、足りない時に期限切れ欠損金を損金算入しますが、下記2②又は③の認可決定時評価損を選択した場合は期限切れ欠損金から損金算入できます。

2.　資産の評価損

法人が有する資産に含み損失がある場合、含み損は未だ実現していない損失であり、損金化が認められないと、債務免除益課税を受けるおそれがあります。

法人税法第33条においては、物損の事実があった場合や法的整理手続、資産及び負債の価額の評定に関する事項等を有する私的整理手続があった場合に限って評価損の計上を認めています。

①　法定整理手続

民事再生や会社更生の場合、資産の評価損が認められます（法法33②③）。

302 第5章 事業再生の税務（自力再生型）

② 私的整理手続

私的整理は手続準則がある場合とない場合で規定が相違します。

準則型の私的整理（事業再生 ADR、中小企業活性化協議会スキームなど）は評価損が認められます（法法 33 ④）。

他方、非準則型の私的整理や特定調停の場合は、資産の評価損は原則認められません。

詳細は Q60 を参照ください。

③ 開始決定時評価損と認可決定時評価損の選択

民事再生手続の場合には開始決定時評価損と認可決定時評価損の選択が認められ（法法 33 ②④）、会社更生手続及び準則型私的整理の場合は認可決定時評価損（法法 33 ③④）になります。

認可決定時評価損は、評価益資産がある場合は評価益を計上しなければなりませんが、期限切れ欠損金の優先適用が認められます。

詳細は Q61 を参照ください。

法的整理	評価損益計上可能
私的整理	準則型に限り、評価損益計上可能

（植木）

Q63 経営者による私財提供時の非課税措置

Q 自力再生を検討しています。この機会に会社の財務基盤を強化するため、社長である私が所有する会社名義の本社建物の敷地を会社に提供したいと考えています。

会社に無償譲渡した場合でも、私に所得税はかかるのでしょうか。

A 合理的な再生計画に基づき、再生会社に対して事業用資産の私財提供を行った場合には、所得税法上の譲渡益がなかったものとする特例があります。

1. 制度の概要

個人が法人に対して無償で資産を譲渡しても、時価で譲渡したものとみなして所得税が課税される（所法59①二）のが原則です。

しかし、中小事業者の再生を支援する観点から、再生企業の保証人となっている経営者が、合理的な再生計画に基づき、再生中の会社に対して事業用資産の私財提供を行った場合には、所得税法上の譲渡益がなかったものとする特例があります（措法40の3の2）。

2. 適用要件

経営者による私財提供特例を受けるには、次の要件すべてを満たす必要があります（措法40の3の2①）。

① 内国法人である中小企業者の取締役又は業務を執行する社員である個人で、その法人の債務を保証していること。
② 有価証券を除く資産でその資産に設定された賃借権、使用貸借権その他資産の使用又は収益を目的とする権利が、現にその法人の事業用に供されていること。
③ 法人について策定された債務処理計画で一般に公表された債務処理を行うための手続に関する準則（注）に基づき策定されていること。
④ 平成25年4月1日から令和7年3月31日までの間にその法人に贈与すること（低廉譲渡は対象外）。
⑤ 個人が、債務処理計画に基づき、法人の保証債務の一部を履行していること。
⑥ 債務処理計画に基づいて行われた法人に対する資産の贈与及び⑤の保証債務の一部履行後においても、その個人が法人の保証債務を有していることが、債務処理計画において見込まれていること。
⑦ 法人が、資産の贈与を受けた後に、その資産を事業用に供することが債務処理計画において定められていること。

⑧　次に掲げる要件のいずれかを満たすこと。

　イ　その再生中の会社が金融機関から受けた事業資金の貸付けにつき、貸
　　付けに係る債務の弁済の負担を軽減するため、中小企業金融円滑化法施
　　行日から平成28年3月31日までの間に条件の変更が行われていること。

　ロ　その債務処理計画が平成28年4月1日以後に策定されたものである
　　場合においては、その再生中の会社が同日前に次のいずれにも該当しな
　　いこと。

　　ⅰ　株式会社地域経済活性化支援機構法第25条第4項に規定する再生
　　　支援決定の対象となった法人

　　ⅱ　株式会社東日本大震災事業者再生支援機構法第19条第4項に規定
　　　する支援決定の対象となった法人

　　ⅲ　株式会社東日本大震災事業者再生支援機構法第59条第1項に規定
　　　する産業復興機構の組合財産である債権の債務者である法人

　　ⅳ　ⅰ～ⅲに掲げる法人のほか、財務省令で定める法人

（注）　債務処理計画で一般に公表された債務処理を行うための手続に関する準則
　　とは、法人税法施行令第24条の2の要件を満たす計画で、例えば中小企業活
　　性化協議会等の準則に則り作成された計画等をいいます。

（植木）

第6章

事業再生の税務
(スポンサーM&A型)

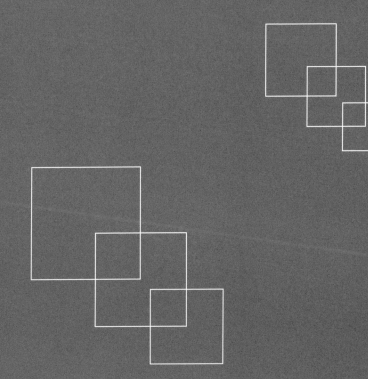

308　第6章　事業再生の税務（スポンサーM&A型）

Q64 スポンサーM&A時に留意すべき税務ポイント

Q 　現経営者は金融機関の信用を失っており、自力での経営改善が難しいため、金融機関の協力が受けられるスポンサーに事業を譲渡又は会社分割する方法を検討しています。いわゆるスポンサー型再生の場合、留意すべき税務について教えてください。

A 　スポンサー型再生の場合でも債務免除益課税には留意が必要ですし、各種税金の負担について契約当事者間で明確にしておくことも重要です。

　自力での経営改善が難しい場合、スポンサーに事業を譲渡又は会社分割し、再生する方法があります。その際に留意すべき税務について説明します。

1. 債務免除のタイミングに注意

　スポンサーに事業を譲渡又は会社分割して再生する方法を選択した場合は、対象資産・負債を譲渡し、その譲渡対価をもって債務を弁済し、残債務については免除を受けることになります。

　債務免除を受ける際に、すべての資産を譲渡し含み損がない状態であれば、以下のように免除益と欠損金又は譲渡損が等しい状態になるので、法人

税課税は生じないのが通常です。

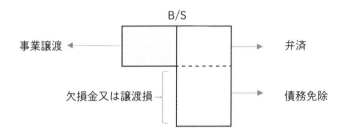

しかしながら、以下のように含み損資産が残っていて損失処理ができていない場合には、債務免除益課税が生ずるおそれがあります。

このような場合には、含み損資産を処分した後に債務免除を受けるなどの対応が必要です。

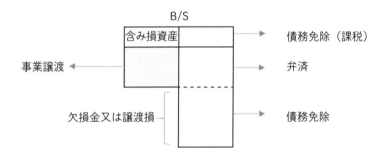

2. 各種税金負担の明確化

スポンサーに事業を譲渡又は会社分割する方法で再生する場合、事業に係る権利義務はその契約に係るクロージング日（効力発生日）に譲渡者から譲受者に移転するのが原則です（契約に特約ある場合は特約に従う）。

一般的にクロージング日は、1月1日や決算期末であることは稀なので、契約当事者間において、税金の種類ごとに、どのように精算するか（しないか）明確にしておく必要があります。

（1） 固定資産税

固定資産税は、1月1日の所有者に対して丸1年分が課税されます。

対象資産に不動産があるときは税額の負担が大きくなりやすいので、クロージング日後の期間分（クロージング日〜年末日分）を譲受者の負担とする条項を入れる例が多いと思います。

（2） 自動車税

自動車税は、固定資産税と同様に1月1日の所有者に対して丸1年分が課税されます。

例えば、運送業など自動車を多数有する業種のように、その税額負担がよほど大きい場合を除いては、精算条項を入れる例は多くないと思います。

（3） 消費税

通常は、クロージング日に事業の移転が行われ、クロージング日の前日までの取引は譲渡者に帰属、クロージング日以降の取引は譲受者に帰属するので、それぞれがそれぞれの期間の消費税につき納税義務を負います。しかしながら、クロージング日前の損益につき譲受者の帰属とするような特約がある場合、譲渡者において生じた消費税を譲受者に負担させる条項を入れておく必要があります。

3. 消費税の納税義務

会社分割の場合、分割承継法人の消費税の納税義務の判定は、例外的に分割法人の基準期間売上高を用いて算定します（消法12）。

この論点については、Q65 を参照ください。

（植木）

Q65 事業譲渡と会社分割の税務相違

Q 事業を譲渡する方法として、事業譲渡による方法と会社分割による方法があると聞きました。
税務上の取扱いは何が相違するのか、教えてください。

A 主として、消費税の取扱いが相違し、事業譲渡の場合は課税資産の譲渡に当たりますが、会社分割の場合はそもそも消費税の課税取引にならない点が相違します。

1. 消費税の扱い

事業譲渡の場合は、譲渡対象資産の違いにより消費税の課税対象になったり、ならなかったりします。例えば、建物は課税資産の譲渡、土地は非課税資産の譲渡などです。

他方、会社分割は組織法上の包括承継のため、消費税の課税取引に該当しません。

そこで、消費税の負担を避けるため、会社分割によって子会社を新設し（新設分社型分割）、分割承継会社の株式を譲渡する手法が選択されることも多いといえます。もっとも、消費税は譲渡者と譲受者との間でミラー処理（反対処理）がなされるため、事業譲渡のように譲渡者で課税資産の譲渡とされ

れば、譲受者において課税仕入れとして消費税の控除又は還付ができるところ、会社分割は譲渡者で課税資産の譲渡とされないので、譲受者においても課税仕入れとなりません。

2. 消費税の納税義務

　会社分割の場合、分割承継法人の消費税納税義務の判定は、例外的に分割法人の基準期間における課税売上高を用いて算定する点に注意が必要です。

　一般の新設法人の場合、基準期間における課税売上高及び特定期間における課税売上高等が1,000万円以下の事業者は課税事業者を選択した場合を除き免税事業者となります（資本金1,000万円以上の法人は免税事業者に該当しない）。しかし、発行済株式の50％超を有する親法人等から新設分割や現物出資等により資産譲渡を受けた場合は、親法人の基準期間における課税売上高をもって納税義務の判定を行います（消法12①〜④、⑦）。また、吸収分割によって分割法人の事業を承継した場合は、分割法人の基準期間における課税売上高をもって納税義務の判定を行います（消法12⑤⑥）。

　事業譲渡の場合には、会社分割のような納税義務判定規定は存在しません。

（植木）

313

Q66 譲渡会社、分割会社の清算処理と債権放棄損

Q 事業譲渡、又は会社分割した会社の清算処理と税務について教えてください。

A 事業継続の役割を終えた会社は清算します。
清算時に債権の放棄をした場合、放棄損が貸倒損失又は整理損失として損金になるか否か、検討が必要です。

　事業を譲渡、又は会社分割した会社は、会社としての役割を終えるため、清算するのが一般的です。

　清算には、普通清算と特別清算がありますが、債務超過の場合には原則として特別清算が選択されます。しかしながら、中小零細企業の場合、手続のコストや手間を抑えるため、親会社に債務を寄せ、最終的に親会社が残債務を放棄した上で普通清算する方法が選択されることがあります。

　清算時に、債権者（親会社）は債権放棄をすることになりますが、債権放棄による放棄損が、貸倒損失又は整理損失として損金になるか、検討が必要です。

1. 法律上の貸倒れ

　法律上の債権の切捨てを伴う下記事実が発生した場合には、下記の事実が

314 第6章 事業再生の税務（スポンサー M&A 型）

発生した事業年度において貸倒損失として損金算入します（法基通9-6-1）。

協定型の特別清算の場合の放棄損は、下記(2)の事実に該当します。

＜事実＞

(1) 会社更生法若しくは金融機関等の更生手続の特例等に関する法律の規定による更生計画認可の決定又は民事再生法の規定による再生計画認可の決定があった場合において、これらの決定により切り捨てられることとなった部分の金額
(2) 会社法の規定による特別清算に係る協定の認可の決定があった場合において、この決定により切り捨てられることとなった部分の金額
(3) 法令の規定による整理手続によらない関係者の協議決定で次に掲げるものにより切り捨てられることとなった部分の金額 　イ　債権者集会の協議決定で合理的な基準により債務者の負債整理を定めているもの 　ロ　行政機関又は金融機関その他の第三者のあっせんによる当事者間の協議により締結された契約でその内容がイに準ずるもの
(4) 債務者の債務超過の状態が相当期間継続し、その金銭債権の弁済を受けることができないと認められる場合において、その債務者に対し書面により明らかにされた債務免除額

2. 事実上の貸倒れ

金銭債権について、債務者の資産状況、支払能力等からみてその全額が回収できないことが明らかになった場合には、その明らかになった事業年度において貸倒れとして損金経理をすることができます（法基通9-6-2）。

協定型でなく個別和解型の特別清算や普通清算の場合の放棄損は、事実上の貸倒れに該当するかを検討します。

3. 親子会社の場合

親子会社又は関係会社等のグループ会社間で、再生や整理のための損失負

担や資金支援（以下、「損失負担等」といいます。）をした場合に税務上寄附金として取り扱われることがあります。

　一方、親子会社といえども、出資額を超えて損失負担等をする義務はありませんが、親会社が責任を放棄することが社会的に許されない場合もあるという社会的現実を踏まえて、損失負担等の行為を一概に贈与と決め付けることなく、経済取引として一定の合理性を有しているケースについては課税しないことが法人税基本通達で明らかにされています。

法人税基本通達9-4-1（子会社等を整理する場合の損失負担等）
　法人がその子会社等の解散、経営権の譲渡等に伴い当該子会社等のために債務の引受けその他の損失負担又は債権放棄等（以下9-4-1において「損失負担等」という。）をした場合において、その損失負担等をしなければ今後より大きな損失を蒙ることになることが社会通念上明らかであると認められるためやむを得ずその損失負担等をするに至った等そのことについて相当な理由があると認められるときは、その損失負担等により供与する経済的利益の額は、寄附金の額に該当しないものとする。
（注）　子会社等には、当該法人と資本関係を有する者のほか、取引関係、人的関係、資金関係等において事業関連性を有する者が含まれる（以下9-4-2において同じ。）。

法人税基本通達9-4-2（子会社等を再建する場合の無利息貸付け等）
　法人がその子会社等に対して金銭の無償若しくは通常の利率よりも低い利率での貸付け又は債権放棄等（以下9-4-2において「無利息貸付け等」という。）をした場合において、その無利息貸付け等が例えば業績不振の子会社等の倒産を防止するためにやむを得ず行われるもので合理的な再建計画に基づくものである等その無利息貸付け等をしたことについて相当な理由があると認められるときは、その無利息貸付け等により供与する経済的利益の額は、寄附金の額に該当しないものとする。
（注）　合理的な再建計画かどうかについては、支援額の合理性、支援者による再建管理の有無、支援者の範囲の相当性及び支援割合の合理性等について、個々の事例に応じ、総合的に判断するのであるが、例えば、利害の対立する複数の支援者の合意により策定されたものと認められる再建計画は、原則として、合理的なものと取り扱う。

316　第6章　事業再生の税務（スポンサー M&A 型）

　国税庁は、損失負担等につき無税償却できるかどうか、つまり経済合理性
があるかどうかについて、法人税基本通達9-4-1及び9-4-2で示したとこ
ろですが、その後の実務界の要望を踏まえ、「子会社等を整理・再建する場
合の損失負担等に係る質疑応答事例等」（以下、「質疑応答事例」といいます。）
を公表しています。質疑応答事例においては、次の7つの要件を示した上で、
要件を総合的に勘案し、損失負担等（放棄損）が経済的合理性を有している
かどうかを判断することになります。

① 　損失負担等を受ける者は、「子会社等」に該当するか。
② 　子会社等は経営危機に陥っているか（倒産の危機にあるか）。
③ 　損失負担等を行うことは相当か（支援者にとって相当な理由はあるか）。
④ 　損失負担等の額（支援額）は合理的であるか（過剰支援になっていない
　 か）。
⑤ 　整理・再建管理はなされているか（その後の子会社等の立ち直り状況に
　 応じて支援額を見直すこととされているか）。
⑥ 　損失負担等をする支援者の範囲は相当であるか（特定の債権者等が意図
　 的に加わっていないなどの恣意性がないか）。
⑦ 　損失負担等の額の割合は合理的であるか（特定の債権者だけが不当に負
　 担を重くし又は免れていないか）。
　　（注）　子会社等を整理する場合の損失負担等（法基通9-4-1）の経済合理性の
　　　　　判断の留意点

Q 66　譲渡会社、分割会社の清算処理と債権放棄損　317

〈寄附金に該当するかのチェックリスト〉

検 討 項 目 及 び そ の 内 容		チェック欄
再 建 の 場 合	整 理 の 場 合	

1. 損失負担の必要性

(1). 事業関連性のある「子会社等」であるか	
資本関係、取引関係、人的関係、資金関係等の事業関連性を有するか	□

↓

(2). 子会社等は経営危機に陥っているか		
イ　債務超過等倒産の危機に瀕しているか	イ　整理損失は生じるか（実質債務超過か）	□
ロ　支援がなければ自力再建は不可能か	ロ　支援がなければ整理できないか	□

↓

(3). 支援者にとって損失負担等を行う相当な理由はあるか	
再建又は整理することにより将来のより大きな損失の負担を回避等ができるか	□

2. 再建計画等（支援内容）の合理性 ↓

(1). 損失負担額（支援額）の合理性（要支援額は的確に算定されているか）	
イ　損失負担額（支援額）は、再建又は整理するための必要最低限の金額となっているか	□
ロ　自己努力はなされているか	□

↓

(2). 再建管理等の有無		
再建管理は行われるか	整理計画の管理は行われるか（長期の場合）	□

↓

(3). 支援者の範囲の相当性	
イ　支援者の範囲は相当か	□
ロ　支援者以外の事業関連性を有する者が損失負担していない場合、合理的な理由はあるか	□

↓

(4). 負担割合の合理性	
事業関連性からみて負担割合は合理的に決定されているか	□

↓　いずれにも該当する場合

寄 附 金 に 該 当 し な い

国税庁質疑応答事例「子会社等を整理・再建する場合の損失負担」をもとに作成

（植木）

318　第6章　事業再生の税務（スポンサー M&A 型）

Q67　第二会社方式による事業再生と税務

Q　いわゆる第二会社方式によって、グッド事業を会社分割又は事業譲渡により第二会社に移管し、バッド事業を残した会社は清算する予定です。この場合の税務の取扱いについて、教えてください。

A　事業移管時には、法人税法上、移管による損益を認識します。消費税は事業譲渡の場合はかかりますが、会社分割の場合は不課税です。

　会社清算時には、清算会社に債務免除益が計上されます。

1．第二会社方式とは

　いわゆる第二会社方式とは、事業再生手続において多く用いられる再生手法で、会社が営む事業のうちグッド事業（下記図のA事業）を別会社に移管して存続させ、バッド事業（下記図のB事業）やグッド事業以外の資産と残債務を残した会社を清算する方法です。

〈第二会社方式（分社型会社分割ケース）〉

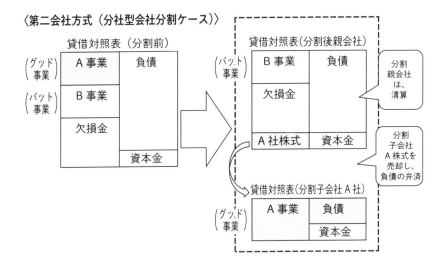

2. 事業移管時の税務

　事業を別会社に移管する方法としては、会社分割と事業譲渡があります。

　全事業を別会社に一体として移管しようとする場合や許認可を含む事業の場合、包括承継ができる会社分割の方が適します。他方、個別に資産や契約関係の引継ぎの選択をしたい場合や簿外債務の疑いがある場合には事業譲渡の方が適します。また、移管する資産に不動産がある場合、会社分割の方が不動産取得税等の移転コストを軽減できるメリットがあります。

〈会社分割の不動産取得税非課税要件〉

①	金銭等の不交付
②	分割事業に係る主要な資産及び負債の分割承継法人への移転
③	分割事業に係る従業者の80％以上に相当する者が、分割後に分割承継法人の業務に従事することが見込まれる
④	分割事業の継続

（1） 事業譲渡の税務

事業譲渡は、譲渡資産の時価と簿価とを比較し、差額がプラスの場合は譲渡益を認識し、マイナスの場合は譲渡損を認識します。法人税は、譲渡損益を抜き出してかかるものでなく一事業年度の損益合計がプラス（所得）の場合に発生します。

消費税については、譲渡資産を資産の種類ごとに区分（課税・非課税・不課税）し、消費税の課税対象取引に該当する資産については課税売上を認識します（消費税の課税事業者に限る。）。

（2） 会社分割の税務

分割承継会社の株式を継続保有しない場合（株式をスポンサーに譲渡するため）の会社分割は、税制適格要件を満たさないため、法人税の扱いは事業譲渡の場合と同様、分割損益が発生します。

消費税は、会社分割自体が課税対象取引に当たらないため、課税されません。

3. 会社清算時の税務

事業を移管した後の会社は、会社としての役割を終えることから、清算するのが通例です。

清算時、債務超過部分について債権者から債務免除を受けるため、債務免除益が発生しますが、青色欠損金に加えて期限切れ欠損金の損金算入が認められています。

平成22年度税制改正前は、清算所得課税方式が採られていましたが、税制改正後は従前方式との整合を図るため、青色欠損金に加えて期限切れとなった欠損金についても損金算入が認められています。ただし、解散した場合において残余財産がないと見込まれるとき、すなわち債務超過のときに限

られた措置となっています。

この点については、ややわかりにくいので、下記事例を参照してください。

（事例）

この例では、清算時に、債務超過部分について債務免除益が90計上されます。青色欠損金が50しかないので、足りない部分は期限切れ欠損金50のうち40を損金算入し、債務免除益のすべてを減殺します。このいわゆる損益法は、従前の清算所得課税（財産法）と計算アプローチは相違しますが、期限切れ欠損金の利用によって計算結果は同じになります。

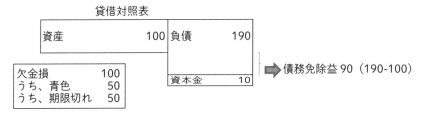

清算中の事業年度も、それまでの各事業年度と同様に損益法が適用されます。しかしながら、清算中という性格に鑑み、準備金と引当金、圧縮記帳と特別勘定、特別償却と税額控除、所得の特別控除等の税務特例は認められません。

（植木）

Q68 保証債務履行のため、個人資産を譲渡した場合の所得税特例

> **Q** 約10年前、会社が銀行から借入れする際に、個人所有の土地を担保として提供しました。今般、会社が事業再生するに際し、当該土地を売却して売却代金をもって会社の借入金返済に充てる予定です。
> この場合、譲渡者である私に譲渡代金は入りませんが譲渡所得税はかかるのでしょうか、教えてください。
>
> **A** 個人が会社債務の担保として提供していた資産を売却し一定の要件を満たすときは、その譲渡はなかったものとみなされるので、譲渡所得税はかかりません。

1. 制度の概要

個人が債務保証又は個人資産を担保提供していた会社が事業再生手続を開始、個人資産を譲渡し当該会社の債務の弁済に充てた場合には、個人にかかる譲渡所得税がなかったものとする特例があります（所法64②）。

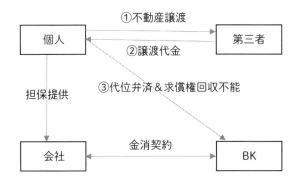

2. 保証債務の履行とは

保証債務の履行とは、本来の債務者が債務を弁済しないときに保証人等が代わりにその債務を弁済(履行)することをいい、以下のケースが該当します(所基通64-4)。
① 保証人、連帯保証人として債務履行があった場合
② 連帯債務者として他の連帯債務者の債務履行があった場合
③ 合名会社・合資会社の無限責任社員による会社の債務履行があった場合
④ 身元保証人として債務履行があった場合
⑤ 他人の債務を担保するために抵当権等を設定した者がその債務を弁済し、又は抵当権等を実行された場合

3. 適用要件

保証債務履行特例を受けるには、次の3要件すべてを満たす必要があります。
① 本来の債務者が既に債務を弁済できない状態であるときに、債務保証をしたものでないこと。

324 第6章 事業再生の税務（スポンサーM&A型）

② 保証債務を履行するために土地建物等を譲渡していること。

③ 履行した債務の全額又は一部の金額につき、本来の債務者が資力を喪失し回収できなくなったこと。

上記において、求償権の全部又は一部を行使することができなくなったかどうかの判定は以下によります（所基通64-1、51-11）。

(1) 更生計画認可の決定又は再生計画認可の決定があった場合は、これらの決定により切り捨てられることとなった部分の金額
(2) 特別清算に係る協定の認可の決定があった場合、この決定により切り捨てられることとなった部分の金額
(3) 法令の規定による整理手続によらない関係者の協議決定で、次に掲げるものにより切り捨てられた場合、その切り捨てられることとなった部分の金額
イ 債権者集会の協議決定で合理的な基準により債務者の負債整理を定めているもの
ロ 行政機関又は金融機関その他の第三者のあっせんによる当事者間の協議により締結された契約でその内容がイに準ずるもの
(4) 債務者の債務超過の状態が相当期間継続し、その貸金等の弁済を受けることができないと認められる場合において、その債務者に対し債務免除額を書面により通知した場合、その通知した債務免除額

また、債務会社が求償権放棄後も存続し経営を継続している場合でも、以下のすべての状況に該当するときは求償権の行使不能と判断されます（平成14年12月19日付照会回答）。

①	その代表者等の求償権は、代表者等と金融機関等他の債権者との関係からみて、他の債権者の有する債権と同列に扱うことが困難である等の事情により、放棄せざるを得ない状況にあったと認められること
②	その法人は、求償権を放棄（債務免除）することによっても、なお債務超過の状況にあること ※債務超過かどうかの判定に当たっては土地等及び上場株式等の評価は時価ベースにより行い、債務超過には短期間で相当の債務を負ったような場合も含まれる。

（植木）

第7章

取引先・株主の税務

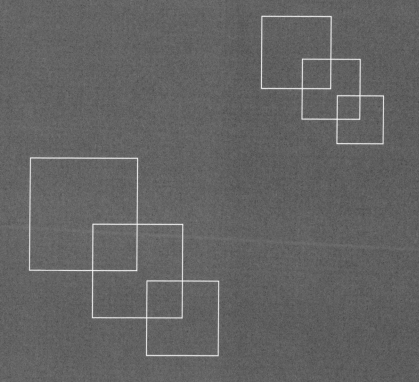

326　　第 7 章　取引先・株主の税務

Q69 取引先が事業再生手続をした場合

Q 取引先が事業再生手続を行うという連絡が来ました。税務上、当社においてどのような対応を採ったらいいでしょうか。

A 取引先が事業再生手続を行う場合には、取引先に対する債権について、貸倒引当金や貸倒損失の計上を検討し、これらを損金に算入することができるかを検討することが必要です。

1. 貸倒引当金

　会計上、貸倒引当金は、債権の評価勘定として、期末債権について将来顕在化する損失のうち、期末までにその原因が発生しているものの損失見込額を計上するものとされています[9]。つまり、貸倒損失には至らないものの取立不能のおそれがある場合には、貸倒見積高を貸倒引当金として計上するものです。

　税務上の貸倒引当金は、これを損金に算入することができる法人が限定されており、また、債権者の有する債権を個別評価金銭債権と一括評価金銭債権とに区分して、それぞれの債権に係る繰入限度額が定められています。そ

9　会計制度委員会報告第 14 号「金融商品会計に関する実務指針」302 項

のため、損金に算入することができる法人であっても、会計上繰り入れた貸倒引当金が税務上の繰入限度額の範囲内であればそのまま損金に算入されることになりますが、これを超えている場合にはその超えた部分の金額は繰入限度超過額として損金に算入されないことになります。

(1) 適用対象法人

上記のとおり、税務上、貸倒引当金を損金に算入することができる法人は限定されています。具体的には、中小企業者等、銀行、保険会社その他これらに準ずる法人等とされています。このうち中小企業者等とは、大要、資本金が1億円以下の法人で大法人（資本金5億円以上）の100％子会社等でない法人をいいます（法法52①）。

(2) 個別評価金銭債権の繰入限度額（法令96①）

個別評価金銭債権の繰入限度額は、次の区分に応じ、それぞれ次の金額となります。

① 債務者の法的整理の決定等の事由により5年以内の弁済が猶予となった金額のうち、担保権の実行等により回収可能となる金額を除いた金額

② 債務者の債務超過の状態が相当期間継続し、かつ、その営む事業に好転の見通しがないこと等から、取立て等の見込みがないと認められる金額

③ 債務者が法的整理等の申立て等を行った場合において、債権の額から実質的に債権とみられない金額及び担保権の実行等により取立て等の見込みがあると認められる金額を除いた金額の50％相当額

④ 外国政府等に対する債権のうち、長期にわたる債務の履行遅滞により経済的な価値が著しく減少し、かつ、回収が著しく困難であると認められるものの50％相当額

このように、税務上は個別評価金銭債権に該当するか否か、及びその繰入限度額について上記の整理がなされています。そのため、例えば単に会社が

328　第7章　取引先・株主の税務

解散したことのみをもってこれらに該当することにはなりません。

　一般的には、債務者が法的整理等を行っている場合には上記の①又は③に該当するかどうかを検討する必要があり、私的整理を行っている場合には上記の②に該当するかどうかを確認して貸倒引当金の計上可否を検討することになると考えられます。

(3)　一括評価金銭債権の繰入限度額（法令96⑥）

　一括評価金銭債権は、個別評価金銭債権以外の売掛金、貸付金等の債権をいいます。一括評価金銭債権に係る貸倒引当金の繰入限度額は、個別評価金銭債権のように債務者の属性を考慮せず、原則として、一括評価金銭債権の残高に過去3年間の貸倒実績率を乗じて算定します。

2.　貸倒損失

　会計上、債権が法的に消滅した場合のほか、回収不能な債権がある場合は、その金額を貸倒損失として計上することとされ[10]、また、債権の回収可能性がほとんどないと判断された場合には、貸倒損失額を債権から直接減額する必要があります[11]。

　税務上は、貸倒損失について特別の規定はなく、損金算入規定である「当該事業年度の損失の額で資本等取引以外の取引に係るもの」（法法22③三）に該当すると解され、具体的な取扱い基準としては、法人税基本通達にその考えが示されています。

10　日本公認会計士協会ほか「中小企業の会計に関する指針」17項
11　会計制度委員会報告第14号「金融商品会計に関する実務指針」123項

（1） 法律上の貸倒れ（法基通9-6-1）

　法的整理や私的整理により、債権が法的に切り捨てられ消滅した場合に貸倒れとして損金に算入することとされており、具体的には、次のとおり定められています。

① 　更生計画認可の決定又は再生計画認可の決定があった場合において、これらの決定により切り捨てられることとなった部分の金額

② 　特別清算に係る協定の認可の決定があった場合において、この決定により切り捨てられることとなった部分の金額

③ 　法令の規定による整理手続によらない関係者の協議決定で次に掲げるものにより切り捨てられることとなった部分の金額

　　イ 　債権者集会の協議決定で合理的な基準により債務者の負債整理を定めているもの

　　ロ 　行政機関又は金融機関その他の第三者のあっせんによる当事者間の協議により締結された契約でその内容がイに準ずるもの

④ 　債務者の債務超過の状態が相当期間継続し、その金銭債権の弁済を受けることができないと認められる場合において、その債務者に対し書面により明らかにされた債務免除額

（2） 事実上の貸倒れ（法基通9-6-2）

　債務者の資産状況、支払能力等からみてその全額が回収できないことが明らかになった場合（担保物がある場合にはその処分後）に、その明らかになった事業年度において貸倒れとして損金経理をすることができるとされています。

（3） 形式上の貸倒れ（法基通9-6-3）

　売掛債権等について、取引停止後1年以上経過した場合や取立費用が債権額を上回る場合に、備忘価額を付して貸倒れとして損金経理をすることがで

きるとされています。

　したがって、例えば、債務者が単に解散しただけでは貸倒損失の計上事由には該当しないことになります。上記(1)のように法的整理の認可決定などにより債権の切捨てがなされたときには債権が法的に消滅することになるため、その時において貸倒損失を計上します。また、法的に債権の切捨てがない場合であっても、上記(2)に規定する事実上の貸倒れに該当する場合には、その時において貸倒損失を計上します。

（樗林）

Q70 出資先が事業再生手続を した場合の評価損

Q 　出資先が事業再生手続を行うという連絡が来ました。税務上、当社においてどのような対応を採ったらいいでしょうか。

A 　出資先が事業再生手続を行う場合には、出資先の株式について、評価損の計上を検討し損金に算入することができるか検討することが必要です。

1. 有価証券の分類と評価方法

　法人税法上、有価証券は売買目的有価証券と売買目的外有価証券とに分類した上で、さらに売買目的外有価証券を満期保有目的等有価証券とその他有価証券とに区分します。それら有価証券は、それぞれ次のとおり評価方法が定められています（法法 61 の 3 ①、法令 119 の 2 ②）。

332 第7章 取引先・株主の税務

〈有価証券の分類と評価方法〉

有価証券の分類			評価方法
売買目的有価証券			時価法
売買目的外有価証券	満期保有目的等有価証券	償還有価証券	償却原価法
		企業支配株式	原価法
	その他有価証券		

　会計上は、売買目的有価証券は時価の変動により利益を得ることを目的として保有する有価証券と定義されていますが（企業会計基準第10号「金融商品に関する会計基準」15項）、法人税法上は、専従者が短期売買目的で行った有価証券及び取得日において帳簿書類に短期売買目的で取得したものである旨を記載したもののみがこれに当たるとされています（法令119の12）。

　そのため、上場有価証券であっても、帳簿書類に売買目的有価証券と記載していない場合には売買目的外有価証券となります。そして、非上場有価証券については、通常、売買目的外有価証券になり、原価法、つまり取得原価を期末評価額とします。

2. 有価証券の評価損

　法人税法においては、資産の評価損は内部取引であり恣意性が介入しやすいことから、原則として認めないこととし、評価損を認めるべき一定の事実が生じた場合に限り、これを認めることとしています（法法33）。

　評価損を認めるべき一定の事実は、「物損等の事実」と「法的整理の事実」が生じた場合です（法令68①）。このうち、「法的整理の事実」とは、更生手続における評定が行われることに準ずる特別の事実をいい、例えば、民事再生法の規定による再生手続開始の決定による財産評定が行われることが該当するとされています（法基通9-1-3の3）。つまり、資産の評価損を計上し

ようとする法人自体に「法的整理の事実」が生じていることが要件になります。そのため、このような状況にない株主がその保有する有価証券について評価損を計上するためには、有価証券に「物損等の事実」が生じているか否かを検討することになります。

3. 物損等の事実

この、「物損等の事実」の対象資産は、法令上、棚卸資産、有価証券、固定資産及び繰延資産に限られているところ（法令68①）、有価証券について「物損等の事実」がどのようなものか、すぐには想像しがたいところです。これについては、「有価証券の価額が著しく低下したこと」[12]や「発行法人の資産状態が著しく悪化したためその価額が著しく低下したこと」がこれに該当するものとして規定されていることからすれば（法令68①）、「物損等の事実」の「等」がこれらの事由を含んでいると解することが適当だと思われます。

12　売買目的有価証券以外の時価のある株式（企業支配株式を除く）が対象となる（法令68①二）。

334 第7章 取引先・株主の税務

〈物損等の事実〉

有価証券の区分	物損等の事実	
市場有価証券等 （企業支配株式を除く）	有価証券の価額が著しく低下したこと（法令 68 ①二イ）	
		有価証券の期末時価が帳簿価額のおおむね 50 ％相当額を下回ることとなり、かつ、近い将来その価額の回復が見込まれないこと（法基通 9-1-7）
上記以外の有価証券	有価証券を発行する法人の資産状態が著しく悪化したため、その価額が著しく低下したこと（法令 68 ①二ロ）	
		①有価証券を取得して相当の期間を経過した後に、特別清算開始の命令等、発行法人について法的整理開始決定があったこと ②有価証券の発行法人の1株当たりの期末純資産価額が取得時と比較しておおむね 50 ％以上下回ることとなったこと（法基通 9-1-9）

（1） 資産状態が著しく悪化したこと

　非上場有価証券について「有価証券を発行する法人の資産状態が著しく悪化したこと」には、次の各事実が該当することが明らかにされています（法基通 9-1-9）。

① 当該有価証券を取得して相当の期間を経過した後に当該発行法人について次に掲げる事実が生じたこと。

　イ　特別清算開始の命令があったこと。

　ロ　破産手続開始の決定があったこと。

　ハ　再生手続開始の決定があったこと。

　ニ　更生手続開始の決定があったこと。

② 当該事業年度終了の日における当該有価証券の発行法人の1株又は1口当たりの純資産価額が当該有価証券を取得した時の当該発行法人の1株又は1口当たりの純資産価額に比しておおむね 50 ％以上下回ることとなっ

たこと。

（注）　当該発行法人が債務超過の状態にあるため１株又は１口当たりの純資産価額が負（マイナス）であるときは、当該負の金額を基礎としてその比較を行う。

　上記①の場合にあっては、債務超過であることや経済的に窮境にあることがこれらの開始命令又は開始決定の条件であることから、このような事実が生じた場合には、一種の形式基準として、「有価証券を発行する法人の資産状態が著しく悪化したこと」による「物損等の事実」が生じたものとして取り扱うこととしていると考えられます。

　また、②の場合にあっては、資産状態が著しく悪化したことが実質的に明らかであることから、「有価証券を発行する法人の資産状態が著しく悪化したこと」に該当するとされています。

(2)　価額が著しく低下したこと

　なお、「その価額が著しく低下したこと」とは、期末時価が期末の帳簿価額の 50 ％相当額を下回り、かつ、その回復が早期には見込まれないことをいうとされています（法基通 9-1-11）。

　上記 (1)①の場合にあっては、一般的に、有価証券は無価値となり、早期の回復は困難だと考えられます。よって、これらの場合には、「有価証券を発行する法人の資産状態が著しく悪化したため、その価額が著しく低下したこと」に該当するものとして評価損の計上が可能であると解されます。また、(1)②の場合にあっては、純資産価額の低下に応じて有価証券の価額も同様に低下すると考えられますが、その低下が一過性のものであるかどうか、すなわち、その回復が早期には見込まれないかどうかが、評価損を計上できるかどうかの境目となります。

4. 完全支配関係がある場合

　ところで、完全支配関係がある法人の株式については、解散をすることが見込まれる場合や清算中の場合には、株式の評価損を計上することができません（法法33⑤）。

　これは、いわゆるグループ法人税制の導入により、完全支配関係のある子法人の残余財産が確定した場合にはその繰越欠損金を引き継ぐことができる（法法57②）一方で、子法人の株式消滅損を認識できなくなったこと（法令8①二十二）との関係上、子法人株式の評価損を認めると、部分的な株式消滅損を認めることと同義になることによるものと考えられます。

（樽林）

337

Q71 出資先が事業再生手続をした場合の 消滅損（完全支配関係がない場合）

Q 　事業再生手続を行っていた出資先が会社自体を清算する方向であるとの連絡が来ました。税務上、当社においてどのような対応を採ったらいいでしょうか。

A 　出資先が清算する場合には、出資先の株式について消滅損（譲渡損）を計上することになりますが、みなし配当とされる金額が生じる場合もありますので注意が必要です。

　また、出資先に対し債権を有していた場合の貸倒損失についても、それが寄附金とされないかどうかの検討が必要です。

1. 有価証券の消滅損

　出資先企業が事業再生手続を行ったが奏功せず、解散することがあります。また、スポンサーに事業を譲渡したり、第二会社方式を利用して事業を移転したりした後に、本体会社を消滅させる場合もあります。

　このような場合には、出資先との間に完全支配関係があるかどうかで税務上の処理が異なりますが、ここでは完全支配関係がない場合について検討します。

338　第7章　取引先・株主の税務

　また、株式の消滅損（譲渡損）が生じる場合であっても、みなし配当が生じる場合がありますので注意してください。

2.　完全支配関係がない場合

（1）　株主の課税関係

　残余財産とは、会社の解散後に債務を弁済した後に残る財産であり、株主に分配される財産です。

　残余財産の分配金額は、税務上、清算法人の資本の払戻し部分と利益積立金額の分配部分とから構成されます。このうち、資本の払戻し部分は、株主の有する株式の譲渡対価と捉え、株式の払込金額又は取得価額を譲渡原価として譲渡損益を認識します。資本の払戻し部分を超えて残余財産の分配がある場合には、税務上、これを利益積立金額の分配と捉え、株主にみなし配当課税が課されます。

　具体的には、資本の払戻し部分は、清算法人の資本金等の額に対応する金額であり（法法61の2①）、みなし配当部分は、残余財産の分配金額のうち、清算法人の資本金等の額に対応する金額を超える部分の金額（すなわち利益積立金額）となります（法法24①）。よって、残余財産の分配額が資本金等の額に満たない場合には、みなし配当とされる金額はありません。

　なお、残余財産がない場合には、利益積立金額の分配はもとより、資本の払戻し部分さえないこととなります。よって、株主としては有価証券の譲渡対価をゼロとして譲渡損益を認識するため、譲渡原価相当額が譲渡損失となります。

　ところで、みなし配当金額は、法人株主であれば受取配当等の益金不算入（法法23）の対象となり、個人株主の場合には配当控除（所法92）の対象となりますが、株主は通常、清算法人の資本金等の額を把握していないため、残余財産の分配を行う法人は、その株主に次の事項を通知しなければなりま

せん（法令23④）。
① 残余財産の分配であること、その分配日及び同日の前日における発行済株式等の総数
② 1株当たりのみなし配当金額

(2) 株式譲渡損益とみなし配当の計算

具体的な計算イメージは図表のとおりです。

① 株式譲渡益が生じるケース

前提（完全支配関係がない場合）
残余財産の分配額　　　　　　20,000
有価証券の取得価額（譲渡原価）　5,000
清算法人の資本金等の額　　　　10,000

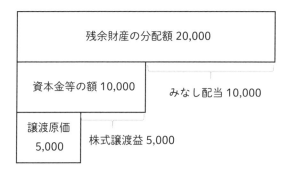

税務処理（完全支配関係がない場合）
現金預金　　　17,958 ／ 清算法人株式　5,000
源泉税　　　　 2,042 ／ 受取配当金　　10,000
　　　　　　　　　　　／ 株式譲渡益　　 5,000

② 株式譲渡損が生じるケース

前提（完全支配関係がない場合）
残余財産の分配額	20,000
有価証券の取得価額（譲渡原価）	15,000
清算法人の資本金等の額	10,000

税務処理（完全支配関係がない場合）
現金預金	17,958	/	清算法人株式	15,000
株式譲渡損	5,000	/	受取配当金	10,000
源泉税	2,042	/		

3. 債権の貸倒損失

　貸倒損失の一般的な取扱いについては、Q69をご参照ください。
　ここでは、貸倒損失が寄附金とされるリスクについて説明します。
　貸付先が特別清算等の手続を行うことにより、債権の一部又は全部が貸し倒れた場合、回収できなかった金額は貸倒損失となるのが通常です。
　しかし、資金を貸し付けた時から、その全部又は一部の回収ができないことがわかっていた場合はどうでしょうか。また、出資先の資金繰りに余裕を

持たせるために過大な債権放棄を行った場合はどうでしょうか。このような場合、一概には言えませんが、貸倒損失ではなく貸付先に対する寄附金と認定されるリスクが生じます。

この判断はとても難しいものですが、次の通達に当局の考えが表れていますので引用しておきます。

法人税基本通達9-4-1（子会社等を整理する場合の損失負担等）

　法人がその子会社等の解散、経営権の譲渡等に伴い当該子会社等のために債務の引受けその他の損失負担又は債権放棄等（以下9-4-1において「損失負担等」という。）をした場合において、その損失負担等をしなければ今後より大きな損失を蒙ることになることが社会通念上明らかであると認められるためやむを得ずその損失負担等をするに至った等そのことについて相当な理由があると認められるときは、その損失負担等により供与する経済的利益の額は、寄附金の額に該当しないものとする。

（注）　子会社等には、当該法人と資本関係を有する者のほか、取引関係、人的関係、資金関係等において事業関連性を有する者が含まれる。

また、国税庁の質疑応答事例において、「子会社等を整理・再建する場合の損失負担等」も公表されていますので[13]、こちらもご確認ください。

（樺林）

13　https://www.nta.go.jp/law/shitsugi/hojin/01.htm#a-13

342　第 7 章　取引先・株主の税務

Q72 出資先が事業再生手続をした場合の 消滅損（完全支配関係がある場合）

Q 事業再生手続を行っていた 100 ％子会社を清算することを決めました。税務上、当社においてどのような対応を採ったらいいでしょうか。

A 100 ％子会社が清算する場合には、子会社株式は消滅することになりますが、この消滅損（譲渡損）は認識せず、株主である貴社の資本金等の額で調整します。

なお、みなし配当とされる金額が生じる場合もありますので注意が必要です。

また、出資先に対し債権を有していた場合の貸倒損失についても、グループ法人税制の適用があるかどうかの検討が必要です。

1.　有価証券の消滅損

　100 ％子会社が事業再生手続を行ったが奏功せず、解散することがあります。また、スポンサーに事業を譲渡したり、第二会社方式を利用して事業を移転したりした後に、本体会社を消滅させる場合もあります。

　このような場合には、出資先との間に完全支配関係があるかどうかで税務上の処理が異なりますが、ここでは完全支配関係がある場合について検討し

ます。

　また、株式の消滅損（譲渡損）相当額が生じる場合であっても、みなし配当が生じる場合がありますので注意してください。

2. 完全支配関係がある場合

(1)　株主の課税関係

　残余財産とは、会社の解散後に債務を弁済した後に残る財産であり、株主に分配される財産です。

　100％子会社のように完全支配関係がある法人が清算し、残余財産が分配される場合、その残余財産の分配金額は、税務上、清算法人の資本の払戻し部分と利益積立金額の分配部分とから構成されるのは、完全支配関係がない場合と同様です。このうち、資本の払戻し部分は有価証券の譲渡対価となりますが、完全支配関係がある場合には、これが株主における株式の払込金額又は取得価額である譲渡原価と同額とされるため、その結果、譲渡損益は認識されません（法法61の2⑰）。そして、本来譲渡損益となるべき金額は、株主である法人の資本金等の額の増減項目としてチャージされることとなっています（法令8①二十二）。完全支配関係がある法人が解散した場合には、これを適格合併により消滅した場合と同様の事象と捉え、子法人株式の消滅による損益を認識しないこととされたものです。

　みなし配当の額の計算、株主に対する通知事項及びその受ける株主の課税上の取扱いは完全支配関係がない場合と同様です。

　なお、残余財産がない場合には、利益積立金額の分配はもとより、資本の払戻し部分さえないこととなります。よって、株主としては有価証券の譲渡対価をゼロとして譲渡損益を認識することになりますが、先のとおり、有価証券の譲渡対価を譲渡原価と同額であるとして譲渡損益を認識せず（法法61の2⑰）、株主である法人の資本金等の額の増減項目としてチャージされる

ため（法令8①二十二）、結果、譲渡原価相当額が資本金等の額のマイナス項目となります。

(2) 株式譲渡損益とみなし配当の計算

具体的な計算イメージは図表のとおりです。

① 株式譲渡益相当額が生じるケース

前提（完全支配関係がある場合）
残余財産の分配額	20,000
有価証券の取得価額（譲渡原価）	5,000
清算法人の資本金等の額	10,000

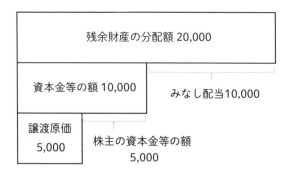

税務処理（完全支配関係がある場合）
現金預金	17,958	/	清算法人株式	5,000
源泉税	2,042		受取配当金	10,000
			資本金等の額	5,000

Q 72　出資先が事業再生手続をした場合の消滅損（完全支配関係がある場合）

②　株式譲渡損相当額が生じるケース

前提（完全支配関係がある場合）
残余財産の分配額　　　　　　　　20,000
有価証券の取得価額（譲渡原価）　15,000
清算法人の資本金等の額　　　　　10,000

税務処理（完全支配関係がある場合）

現金預金	17,958	清算法人株式	15,000
資本金等の額	5,000	受取配当金	10,000
源泉税	2,042		

(3)　欠損金の引継ぎ

　上記のとおり、完全支配関係がある法人が清算した場合には、株主である法人において子法人株式に係る譲渡損益を認識することはできません。その一方で、完全支配関係がある法人に繰越欠損金がある場合には、適格合併の場合と同様に、これを株主である法人に引き継ぐことができます。

　具体的には、完全支配関係がある法人の残余財産が確定した場合において、残余財産の確定の日の翌日前10年以内に開始した各事業年度において

346　　第7章　取引先・株主の税務

生じた繰越欠損金額があるときは、株主である法人の欠損金額とみなされます（法法57②）。

　この清算法人の欠損金額の引継ぎの規定は、法令上、完全支配関係がある法人との適格合併の場合と同様に、事業の引継ぎ等の要件は付されていません。

　ただし、同じく適格合併の場合と同様に、残余財産の確定の日の翌日の属する事業年度開始の日の5年前の日、清算法人の設立の日若しくは株主である法人の設立の日のうち最も遅い日から継続して支配関係がない場合には、支配関係事業年度前の事業年度において生じた欠損金及び支配関係事業年度以後の事業年度において生じた欠損金のうち特定資産譲渡等損失額に相当する金額から成る部分の金額については、引き継ぐことができないこととされています（法法57③）。

　なお、適格合併の場合とは異なり、みなし共同事業要件に該当する場合の制限の除外措置は設けられていません。

3.　債権の貸倒損失

　貸倒損失の一般的な取扱いについては、Q69をご参照ください。

　ここでは、完全支配関係がある法人に対する貸倒損失の取扱いについてご説明します。

　貸付先が特別清算等の手続を行うことにより、債権の一部又は全部が貸し倒れた場合、回収できなかった金額は貸倒損失となるのが通常です。

　しかし、資金を貸し付けた時から、その全部又は一部の回収ができないことがわかっていた場合はどうでしょうか。また、子会社の資金繰りに余裕を持たせるために過大な債権放棄を行った場合はどうでしょうか。このような場合、一概には言えませんが、貸倒損失ではなく貸付先に対する寄附金と認定されるリスクが生じます。

この判断はとても難しいものですが、次の通達に当局の考えが表れていますので引用しておきます。

> 法人税基本通達 9-4-1（子会社等を整理する場合の損失負担等）
> 　法人がその子会社等の解散、経営権の譲渡等に伴い当該子会社等のために債務の引受けその他の損失負担又は債権放棄等（以下 9-4-1 において「損失負担等」という）をした場合において、その損失負担等をしなければ今後より大きな損失を蒙ることになることが社会通念上明らかであると認められるためやむを得ずその損失負担等をするに至った等そのことについて相当な理由があると認められるときは、その損失負担等により供与する経済的利益の額は、寄附金の額に該当しないものとする。
> （注）　子会社等には、当該法人と資本関係を有する者のほか、取引関係、人的関係、資金関係等において事業関連性を有する者が含まれる。

　また、国税庁の質疑応答事例において、「子会社等を整理・再建する場合の損失負担等」も公表されていますので[14]、こちらもご確認ください。

　上記通達や質疑応答事例に記載された内容に合致するものであれば、債権者は寄附金以外の損金（支援損・撤退損）となり、債務者には債務免除益が生じます。

　ところが、債権者において寄附金とされる場合には、法人による完全支配関係がある者同士の取引のため、グループ法人税制の適用となります。

　すなわち、その債権放棄の額は、完全支配関係がある法人に対して支出した寄附金として損金不算入となり（法法37②）、子会社が受けた債務免除益は受贈益として益金不算入となります（法法25の2①）。また、親会社で寄附金とされた金額は子会社株式の帳簿価額を増加させる必要がありますが（法令119の3⑨）、子会社の債務免除益相当額の欠損金は温存されるため、上記2(3)により親会社に引き継ぐことができます。

（榑林）

14　https://www.nta.go.jp/law/shitsugi/hojin/01.htm#a-13

| Column |

事業再構築補助金

　政府は、ウィズコロナ、ポストコロナ時代の経済社会変化に対応するため、"事業再構築補助金"による支援をしております。

　事業再構築指針に示す「事業再構築」の定義に該当する事業であること、補助事業終了後の付加価値が3％〜5％以上増加しているなどの要件がありますが、補助額は1社最大6,000万円（賃上げを行う場合7,000万円）、補助割合も66％と大きいのが特徴です（通常枠従業員規模101人以上の場合）。

　例えば、産業廃棄物の回収・中間処理事業を営む会社が、カーボンリサイクルに貢献する機能性素材製造事業に新分野展開したり、土材・建築の下請け事業を営んでいた会社が、街の特色と遊休土地と活用し、そば店に事業転換を図った事例などがあります。

　補助制度の詳細は、HP（https://jigyou-saikouchiku.go.jp/）を参照ください。

（植木）

【参考文献】

舘内比佐志・永谷典雄・堀田次郎・上拂大作編『民事再生の運用指針』（一般社団法人金融財政事情研究会）

東京地裁会社更生実務研究会編『最新実務　会社更生』（一般社団法人金融財政事情研究会）

索　引

英

B/S の磨き上げ …………………… 4, 5

cash on delivery ………………… 133

COD ……………………………… 133

DCF 法 …………………………… 214

DDS ………………………… 40, 160

DES ………………… 160, 223, 287

DIP 型 ……………………………… 69

DIP 型更生手続 ………………… 82

DIP ファイナンス ………… 108, 133

EBITDA …………………………… 101

FA ………………… 105, 111, 118

M&A ……………………………… 23

P/L の磨き上げ ………………… 4, 7

REVIC …………………………… 32, 55

ROA ……………………………… 6, 11

ア

アーリー DIP ……………………… 133

青色欠損金 ………… 291, 294, 296,
298, 301, 320

イ

一時停止 …………………………… 60

一括弁済型の計画 ………………… 104

カ

外形標準課税 ……………………… 263

開始決定時評価損 ……… 294, 297, 298

会社更生手続 ……………………… 78

会社分割 ………………… 121, 127, 129

外部専門家 ………………………… 45

貸倒損失 ………………… 328, 340, 346

貸倒引当金 ………………………… 326

仮装経理 …………………………… 251

過年度遡及会計基準 …… 191, 194, 254

株式買取請求権 …………………… 129

株式譲渡 …………………………… 122

株主責任 …………………………… 156

科目別処分価額 …………………… 207

管理型 ……………………………… 68

キ

企業会計原則 ……………………… 188

索　引　351

期限切れ欠損金 … 225, 238, 294, 296,
　　　　　　　　298, 299, 301, 320
疑似 DES ……………………………… 287
窮境原因 ……………………………… 199
吸収分割 ……………………………… 129
共益債権 ……………………………… 134
協議会スキーム ……………………… 277
競業避止義務 ………………………… 127

ク

クロージング ………………… 108, 116

ケ

経営資源 ……………………………… 200
経営者責任 …………………………… 156
経営者保証ガイドライン
　　………………… 39, 57, 60, 65, 164, 169
経済合理性 ……… 136, 211, 212, 316
欠損金の繰戻還付 …………… 247, 248
欠損てん補 …………………………… 265
現金払い ……………………………… 133
減資 …………………………………… 269
減増資 ………………………………… 97

コ

子会社化 ……………………………… 121
個人再生手続 ………………………… 166

個人債務者の債務免除益 …… 280, 285

サ

債権者異議手続 ……………………… 129
債権調査 ……………………………… 75
債権の株式化 ………………………… 96
債権の劣後化 ………………………… 96
債権放棄 ……………………………… 40
財産評定 …………… 75, 82, 185, 203
再生計画策定支援 …………………… 39
再チャレンジ支援 ……………… 42, 57
債務処理計画 ………………… 304, 305
債務免除 ………………………… 22, 34
債務免除益 ………… 222, 291, 293,
　　　　　　　　　300, 309, 320
残存資産 ……………………………… 169

シ

事業価値 ……………………………… 214
事業計画 ……………………………… 12
事業継続価値 ………………………… 203
事業再生構築補助金 ………………… 348
事業再生 ……………………………… 16
事業再生 ADR …………… 32, 59, 277
事業再生計画案 ……………………… 61
事業再生実務家協会 ………………… 59
事業譲渡 ………………………… 121, 127

索引

事業譲渡手続	90
事業年度の特例	234
資金繰り表	209
自己資本比率	6
資産の評価損	224, 294, 299
実在性のない資産	243
実態貸借対照表	195, 293
私的再生	17
私的再生手続	27
私的整理	27, 32
資本性借入金	40
収益弁済計画	104
従業員の取扱い	150
集合流動債権	135
17条決定	64
取得原価主義	205
主要債権者	44
純粋私的再生手続	17
純粋私的整理	32
準則型私的整理手続	17
消費税納税義務の判定	312
処分価値	203
自力改善	200
自力再建型	95
自力再生	23
新型コロナ特例	258
新株発行	122

新設分割	129

ス

スポンサー型	104
スポンサー契約	113
スポンサー支援	23
スポンサー支援型	22

セ

清算価値保障	204
清算価値保障原則	95, 100, 107, 137
清算貸借対照表	138, 204
清算配当率	139
整理解雇	154
責任財産	91
設立当初からの欠損金	238
ゼロ円弁済	178
前期損益修正	191, 194

ソ

総資産経常利益率	6, 11
租税債権の優先の原則	257

タ

第三者支援専門家	44
第二会社方式	17, 22, 35, 85
第二次納税義務	259

索　　引　353

担保権者 ……………………… 145

担保権消滅許可制度 …………… 146

チ

地域経済活性化支援機構 ……… 32, 55

中止命令 ……………………… 146

中小M＆Aガイドライン ………… 115

中小企業会計指針 ……………… 188

中小企業活性化協議会 …… 32, 38, 277

中小企業再生支援スキーム ……… 277

中小企業者 …………………… 44

中小企業の事業再生等に関する

　ガイドライン（再生型手続）… 276

中小企業の事業再生等に関する

　ガイドライン（廃業型手続）… 283

中小企業版私的整理ガイドライン

　…………………………… 32

長期棚上げ債権 ……………… 226

調査嘱託 ……………………… 66

調停委員 …………………… 64, 66

調停調書 ……………………… 64

テ

デット・エクイティ・スワップ

　…………………………… 223

デュー・ディリジェンス … 95, 113,116

ト

動産譲渡担保 ………………… 135

特定調停 ……………… 32, 63, 277

特別清算手続 …………………… 87

取引債権者 …………………… 141

ニ

日弁連スキーム ……………… 64, 277

日本弁護士連合会スキーム ……… 64

認可決定時評価損 ……… 294, 297, 298

ネ

年倍法 ………………………… 216

ノ

納税の猶予制度 ……………… 291

ハ

廃業手続 ……………………… 20

破産財団 ……………………… 92

破産手続 ……………………… 91

抜本再生 ……………………… 34

バンクミーティング …………… 95

ヒ

否認権 ………………………… 91

評価基準 …………………………… 203

評価損益税制 ……………………… 228

評価損益はオフバランス ………… 185

評価損益はオンバランス ………… 185

表明保証事項 ……………………… 128

フ

フィナンシャル・アドバイザー
……………………… 105, 111, 118

プレ DIP ファイナンス …………… 61

プレパッケージ型 ………………… 108

粉飾決算 …………………………… 251

ヘ

弁済計画案 ………………………… 136

ホ

放棄損 ……………………… 313, 316

法的再生 …………………………… 17

法的再生手続 ……………………… 27

法的整理 …………………………… 27

法的整理手続 ……………………… 67

保証債務 …………………………… 164

保証債務の履行 …………………… 323

保全管理命令 ……………………… 81

ミ

民事再生手続 ……………………… 73

ム

無償減資 …………………………… 265

モ

モニタリング ……………………… 40

ユ

有価証券の消滅損 …………… 337, 342

有価証券の評価損 ………………… 332

リ

リース債権者 ……………………… 146

リスケジュール ……… 22, 38, 96, 120

流動性配列 ………………… 188, 190

流動比率 …………………………… 11

レ

レイター DIP ……………………… 133

〈著者紹介〉

植木　康彦（うえき　やすひこ）

Ginza 会計事務所代表　公認会計士・税理士

有限会社 GK コーポレートアドバイザリー　パートナー

y.ueki@ginzakaikei.co.jp

1962 年新潟県柏崎市生まれ、明治大学商学部卒業

高野総合会計事務所パートナーを経て、Ginza 会計事務所創立（代表）

現在は、事業再生、事業承継、M&A、財務・税務 DD、価値評価、税務支援等の業務、及び経営者の参謀役に注力。

事業再生研究機構理事、一般社団法人東京新潟県人会館監事、日本公認会計士協会東京会台東会幹事

本山　純（もとやま　じゅん）

Ginza 会計事務所　公認会計士

有限会社 GK コーポレートアドバイザリー　コンサルタント

jj@ginzakaikei.co.jp

2010 年公認会計士試験合格。

有限責任監査法人トーマツにて法定監査・IPO 支援業務後、現在は、Ginza 会計事務所にて事業再生、事業承継、M&A、財務・税務 DD、価値評価、クライアント支援業務等に従事。

2011 年に長男を出産し、ママ会計士として奮闘中。

小川　真澄（おがわ　ますみ）

小川公認会計士事務所　公認会計士・税理士

有限会社 GK コーポレートアドバイザリー　コンサルタント

国家公務員、監査法人、会計事務所、外資系金融機関勤務を経て、小川公認会計士事務所開設。

法人全般の税務・会計に加えて、実務経験を活かした経理業務支援及び業務改善コンサルティングにも注力している。

髙井　章光（たかい　あきみつ）

髙井総合法律事務所　弁護士

1992 年司法試験合格、1995 年第二東京弁護士会弁護士登録。あさひ法律事務所（現あさひ法律事務所、西村あさひ法律事務所）アソシエート弁護士勤務、須藤・髙井法律事務所パートナーを経て、髙井総合法律事務所開設（代表）。一橋大学大学院法学研究科客員教授。東京大学大学院法学政治学研究科法科大学院非常勤講師。

企業法務、企業組織再編実務、企業再建実務、中小企業関係実務など幅広く業務を行っているほか、『通常再生の実務 Q&A150 問』（金融財政事情研究会、2021 年）〔共同執筆〕など事業再生に関する書籍や記事を多数執筆。

第二東京弁護士会倒産法研究会元代表幹事、司法試験考査委員［倒産法］などを務め、現在、日本弁護士連合会日弁連中小企業法律支援センター副本部長、日本弁護士連合会倒産法制検討委員会委員、全国倒産処理弁護士ネットワーク常務理事など務める。

野口　隆一（のぐち　りゅういち）

髙井総合法律事務所　弁護士

2002 年司法試験合格、2004 年第二東京弁護士会弁護士登録。アソシエイト弁護士勤務を経て、2020 年髙井総合法律事務所へ入所（パートナー）。企業法務を中心に、企業組織再編、事業再生、不動産取引などの実務を行っている。

犬塚　暁比古（いぬづか　あきひこ）

髙井総合法律事務所　弁護士

2010 年司法試験合格、2012 年第二東京弁護士会弁護士登録。須藤・髙井法律事務所アソシエイト弁護士勤務を経て、髙井総合法律事務所開設に参加。企業法務全般に業務を行い、特に破産・倒産事件を専門として扱っているほか、「経営者保証ガイドラインの実務と課題」（商事法務　2021 年）、「破産法書式集」（慈学社　2018 年）など（いずれも共著）の執筆を行っている。

柳澤　憲吾（やなぎさわ　けんご）

髙井総合法律事務所　弁護士

1992 年長野県長野市川中島町生まれ。

2018 年司法試験合格、2020 年第二東京弁護士会弁護士登録。

全国倒産処理弁護士ネットワーク会員。

深山　安幸（ふかやま　やすゆき）

髙井総合法律事務所　弁護士

2022 年司法試験合格、2023 年第二東京弁護士会弁護士登録。

榑林　一典（くればやし　かずのり）

OAG 税理士法人　税理士

1965 年山梨県生まれ。半導体商社勤務を経て、現在、OAG 税理士法人マネジメント・ソリューション部部長、税理士。

専門誌への寄稿や講演活動のほか、経済産業省「新たな組織法制と税制の検討会」委員、「事業再生研究機構」理事、「全国事業再生・事業承継税理士ネットワーク」幹事などの委員を務める。

大森　斉貴（おおもり　よしき）

公認会計士・税理士

税理士法人レクス会計事務所　代表社員

レクス監査法人　代表社員

1998 年公認会計士登録。

事業再生、会社清算、財務 DD、企業価値評価、組織再編税制の案件に多数従事。

著書として、「事業再生 ADR のすべて（第 2 版）」（共著、商事法務、2021）「中小企業の事業再生等に関するガイドラインのすべて」（共著、商事法務、2023）、ほか。

事業再生研究機構 理事・税務問題委員会委員長

一般社団法人事業再生実務家協会 理事・手続実施者

本書の内容に関するご質問は、税務研究会ホームページのお問い合わせフォーム（https://www.zeiken.co.jp/contact/request/）よりお願い致します。なお、個別のご相談は受け付けておりません。

本書刊行後に追加・修正事項がある場合は、随時、当社のホームページ（https://www.zeiken.co.jp/）にてお知らせ致します。

ゼロからわかる事業再生 70 問 70 答

令和3年5月30日　初版発行　　　　　　　　　　　　　　　　（著者承認検印省略）
令和6年11月5日　第2版第一刷印刷
令和6年11月15日　第2版第一刷発行

Ⓒ　編著者　　植　木　康　彦
　　　　　　　高　井　章　光
　　著　者　　樽　林　一　典
　　　　　　　大　森　斉　貴
　　発行所　　税　務　研　究　会　出　版　局
　　　　　　　週刊「税務通信」発行所
　　　　　　　　　　「経営財務」
　　代表者　　山　根　　　毅
　　郵便番号100-0005
　　東京都千代田区丸の内1-8-2 鉄鋼ビルディング
　　　　　　　　　　　　　　https://www.zeiken.co.jp/

乱丁・落丁の場合は，お取替え致します。　　　　印刷・製本　日本ハイコム株式会社

ISBN 978-4-7931-2846-2